QUEM DIVIDIU CRISTO?
O QUE NOS UNE E O QUE NOS SEPARA EM CRISTO

Editora Appris Ltda.
1.ª Edição - Copyright© 2024 do autor
Direitos de Edição Reservados à Editora Appris Ltda.

Nenhuma parte desta obra poderá ser utilizada indevidamente, sem estar de acordo com a Lei nº 9.610/98. Se incorreções forem encontradas, serão de exclusiva responsabilidade de seus organizadores. Foi realizado o Depósito Legal na Fundação Biblioteca Nacional, de acordo com as Leis nºs 10.994, de 14/12/2004, e 12.192, de 14/01/2010.

Catalogação na Fonte
Elaborado por: Josefina A. S. Guedes
Bibliotecária CRB 9/870

M357q
2024
Marques, Fernando
Quem dividiu Cristo?: o que nos une e o que nos separa em Cristo / Fernando Marques. – 1. ed. – Curitiba: Appris, 2024.
93 p.; 21 cm.

Inclui referências.
ISBN 978-65-250-5768-2

1. Jesus Cristo. 2. Cristianismo. 3. Religião. I. Título.

CDD - 232

Editora e Livraria Appris Ltda.
Av. Manoel Ribas, 2265 – Mercês
Curitiba/PR – CEP: 80810-002
Tel. (41) 3156 - 4731
www.editoraappris.com.br

Printed in Brazil
Impresso no Brasil

Fernando Marques

QUEM DIVIDIU CRISTO?
O QUE NOS UNE E O QUE NOS SEPARA EM CRISTO

FICHA TÉCNICA

EDITORIAL
Augusto Coelho
Sara C. de Andrade Coelho

COMITÊ EDITORIAL
Marli Caetano
Andréa Barbosa Gouveia (UFPR)
Jacques de Lima Ferreira (UP)
Marilda Aparecida Behrens (PUCPR)
Ana El Achkar (UNIVERSO/RJ)
Conrado Moreira Mendes (PUC-MG)
Eliete Correia dos Santos (UEPB)
Fabiano Santos (UERJ/IESP)
Francinete Fernandes de Sousa (UEPB)
Francisco Carlos Duarte (PUCPR)
Francisco de Assis (Fiam-Faam, SP, Brasil)
Juliana Reichert Assunção Tonelli (UEL)
Maria Aparecida Barbosa (USP)
Maria Helena Zamora (PUC-Rio)
Maria Margarida de Andrade (Umack)
Roque Ismael da Costa Güllich (UFFS)
Toni Reis (UFPR)
Valdomiro de Oliveira (UFPR)
Valério Brusamolin (IFPR)

SUPERVISOR DA PRODUÇÃO Renata Cristina Lopes Miccelli
ASSESSORIA EDITORIAL Renata Miccelli
REVISÃO Simone Ceré
DIAGRAMAÇÃO Renata Cristina Lopes Miccelli
CAPA Eneo Lage

A todos os cristãos que buscam a verdade que liberta.

AGRADECIMENTOS

Quero agradecer em primeiro lugar a Deus Pai, criador do céu, da terra, e de tudo que nela vive e há, o qual me deu a oportunidade, sabedoria e o discernimento para escrever este livro.

Agradeço também a meu pai, Carlos, que sempre dizia: "Meu Deus fez o mundo, o que o seu Deus fez", e à minha mãe, Dulce, que dentro de suas crenças variadas me ensinou que ser cristão é bem mais que a nossa religiosidade e vã filosofia cristã.

Gratidão ao meu irmão, Carlos Henrique, por sua atenção para comigo, e estendendo à minha irmã, Patrícia, um exemplo para mim de força e perseverança.

Obrigado à minha amada esposa, Kalyne, e aos meus amados filhos, Gabriel, Fernanda e Davi, por me apoiarem e me auxiliarem a concluir este sonho.

Aos meus grandes amigos Camilo Lammel e Rose Rainho, os quais me apoiaram neste projeto.

Minha gratidão aos ilustríssimos participantes do Grupo de Teologia, Mário Frasato, Marilza, Tércio Sanfelice, Dani Silveira, Ailton César, Angélica, Régis, Délcio, Mário, Roberto, Celivaldo, que, a partir de nossas maravilhosas discussões teológicas, me motivaram a estudar e assim aprender mais sobre os cristianismos e suas várias visões interpretativas.

Um agradecimento especial aos queridos Dr. Fausto Pompeu e para minha psicóloga Maria Cristina, os quais me ajudaram na aceitação de ser escritor, além de me dar suporte para concluir esta obra.

E finalmente quero expressar minha gratidão à Editora Artêra e sua maravilhosa equipe, os quais tornaram meu projeto literário neste maravilhoso livro, feito com muito profissionalismo e carinho.

*Eu lhes tenho transmitido a glória que me tens dado,
para que sejam um, como nós o somos;*

(João capítulo 17, versículo 22, Bíblia Almeida Revista e Atualizada)

SUMÁRIO

1ª DIVISÃO
JESUS É O CRISTO? 13
1.1 Explicando o significado da palavra "Cristo" 13
   1.1.1 A evolução da perspectiva hebraica sobre o termo 20
   1.1.2 Jesus atende as perspectivas messiânicas judaicas? 25
   1.1.3 A primeira divisão cristã 32

2ª DIVISÃO
JUDEUS CRISTÃOS X GENTIOS CRISTÃOS 35
2.1 A marginalização dos judeus cristãos pela doutrina judaica 35
   2.1.1 A inclusão dos gentios na doutrina de Jesus,
   e seus conflitos adaptativos 40

3ª DIVISÃO
JESUS CRISTO É DEUS? 45
3.1 Cristo: visão judaica x visão gentílica 45
   3.1.1 Novos entendimentos messiânicos 49
   3.1.2 De assassino de Cristo a validador divino 52

4ª DIVISÃO
PATERNIDADE INSTITUCIONAL 55
4.1 "A ninguém sobre a terra chameis vosso pai; porque só um é vosso Pai,
aquele que está nos céus" 55
   4.1.1 Pais Apostólicos 57
   4.1.2 Os Pais Apologistas 63

5ª DIVISÃO
REPARTIÇÃO IMPERIAL CRISTÃ 80
5.1 "Todo reino dividido contra si mesmo será devastado" 80
5.1.1 Instituição Cristã Ocidental e a Idade Média 82
5.1.2 Instituição Cristã Oriental 84

6ª DIVISÃO
O GRANDE CISMA DE 1054 87
6.1 "e quem quiser ser o primeiro entre vós será vosso servo" 87
6.1.1 Conclusão do primeiro volume 89

REFERÊNCIAS 91

1ª DIVISÃO

JESUS É O CRISTO?

1.1 Explicando o significado da palavra "Cristo"

(Mashiah, Khristós, Christus)

No início do primeiro século d.C. (depois de Cristo), calendário gregoriano. Um judeu de nome aramaico **Yeshua**, que transliterado para o grego se tornou **Iesous**, que em latim se transliterou como **Iesus**, o qual é conhecido como **Jesus** na língua portuguesa.

E já percebemos pelas iniciais d.c., que este ser fez uma divisão de era, criando um marco, o qual por sinal se tornou uma referência não só para os seguidores das doutrinas cristãs, como também para muitas outras pessoas, mostrando a importância de **Jesus** e a enorme influência de seus **seguidores** no mundo, os quais foram missionários e divulgadores da doutrina vivencial deste grande mestre.

As pessoas conhecem **Jesus** como sendo **Jesus Cristo** ou **Jesus o Cristo**. Porém, será que sabem qual o significado da palavra "**Cristo**"?

Jesus recebeu o termo "**Cristo**", o qual tem sua origem na palavra hebraica "חישמ" (**Mashiah**), que se traduziu para o grego como *Χριστός* (**Khristós**), e foi transliterado como **Christus** para o latim, se tornando **Cristo** em português.

Essas palavras, de maneira bem simplificada, têm como significado **Ungido**, uma referência ao costume judaico de **ungir** um sacerdote ou um rei, para ser representante de Deus, para governar os hebreus.

Contudo, é importante esclarecer sobre Jesus ser chamado de **Messias**, sendo essa palavra equivalente a **Cristo**. E a resposta é bem simples para explicar este sinônimo, pois a palavra **Messias** não é uma tradução, ela é uma transliteração para o grego da palavra hebraica **Mashiah**, sendo grecificada como **Μεσσίας, Messias**.

Como dito antes, a palavra grega "**Khristós**" significa **Ungido**, sendo assim, **Cristo** também é uma transliteração para o português da palavra grega "**Khristós**", a qual deu origem ao nome das religiões conhecidas como **Cristianismos**. Tais doutrinas são classificadas como seguidoras dos ensinamentos de **Yeshua Mashiah** em hebraico, **Iesous Khristós** em grego, **Iesus Christus** em latim, e **Jesus Cristo/Ungido** em português.

Acredito que, após essas explicações resumidas, fica mais fácil de entender que o significado de **Jesus Cristo** é simplesmente **Jesus Ungido**, sendo o **Ungido** um representante de Deus na Terra para os hebreus. Porém, veremos de maneira mais detalhada, à frente, sobre o uso variado do termo **Ungido/Mashiah** na cultura hebraica no decorrer da história.

Ao todo, temos mencionados **39** ocorrências da palavra "מָשִׁיחַ" (**Mashiah**), **Cristo** (**Ungido**) na **Tanakh** (Bíblia Hebraica), conhecida pelos cristãos como **Primeiro Testamento** ou **Antigo Testamento** da bíblia cristã.

"**TANAKH**" é um acrônimo formado pelas iniciais (TNK), que representam as três divisões tradicionais do cânone judaico (Bíblia Hebraica): a **Torá** (Ensino), **Nevi'im** (Profetas) e **Ketuvim** (Escritos).

Na sequência colocaremos os **39** versículos que citam a palavra "**Mashiah**", **Cristo** = **Ungido**, para uma análise do seu uso nas escrituras bíblicas. E após resumiremos as perspectivas do termo segundo a cultura hebraica.

Para isso, usaremos a versão da Bíblia Almeida Revista e Atualizada. Com exceção de 1 Samuel 24:7, que tem a versão da Bíblia de Jerusalém.

Levítico 4:3
"se o sacerdote **Ungido** pecar para escândalo do povo, oferecerá pelo seu pecado um novilho sem defeito ao Senhor, como oferta pelo pecado."

Levítico 4:5
"Então, o sacerdote **Ungido** tomará do sangue do novilho e o trará à tenda da congregação;"

Levítico 4:16
"Então, o sacerdote **Ungido** trará do sangue do novilho à tenda da congregação;"

Levítico 6:22
"Também o sacerdote, que dentre os filhos de Arão for **Ungido** em seu lugar, fará o mesmo; por estatuto perpétuo será de todo queimada ao Senhor."

1 Samuel 2:10
"Os que contendem com o Senhor são quebrantados; dos céus troveja contra eles. O Senhor julga as extremidades da terra, dá força ao seu rei e exalta o poder do seu **Ungido**."

1 Samuel 2:35
"Então, suscitarei para mim um sacerdote fiel, que procederá segundo o que tenho no coração e na mente; edificar-lhe-ei uma casa estável, e andará ele diante do meu **Ungido** para sempre."

1 Samuel 12:3
"Eis-me aqui, testemunhai contra mim perante o Senhor e perante o seu **Ungido**: de quem tomei o boi? De quem tomei o jumento? A

quem defraudei? A quem oprimi? E das mãos de quem aceitei suborno para encobrir com ele os meus olhos? E vo-lo restituirei."

1 Samuel 12:5

"E ele lhes disse: O Senhor é testemunha contra vós outros, e o seu **Ungido** é, hoje, testemunha de que nada tendes achado nas minhas mãos. E o povo confirmou: Deus é testemunha."

1 Samuel 16:6

"Sucedeu que, entrando eles, viu a Eliabe e disse consigo: Certamente, está perante o Senhor o seu **Ungido**."

1 Samuel 24:7

"E disse aos seus homens: Que **Iahweh** (Deus) me tenha como abominável se eu fizer isso ao meu senhor, o **Ungido** de **Iahweh**(Deus), levantando a mão contra ele, porque é o **Ungido** de **Iahweh** (DEUS)." (versão Bíblia de Jerusalém).

1 Samuel 24:10

"Os teus próprios olhos viram, hoje, que o Senhor te pôs em minhas mãos nesta caverna, e alguns disseram que eu te matasse; porém a minha mão te poupou; porque disse: Não estenderei a mão contra o meu senhor, pois é o **Ungido** de Deus."

1 Samuel 26:9

"Davi, porém, respondeu a Abisai: Não os mates, pois quem haverá que estenda a mão contra o **Ungido** do Senhor e fique inocente?"

1 Samuel 26:11

"O Senhor me guarde de que eu estenda a mão contra o seu **Ungido**; agora, porém, toma a lança que está à sua cabeceira e a bilha da água, e vamo-nos."

1 Samuel 26:16

"Não é bom isso que fizeste; tão certo como vive o Senhor, deveis morrer, vós que não guardastes a vosso senhor, o **Ungido** do Senhor; vede, agora, onde está a lança do rei e a bilha da água, que tinha à sua cabeceira."

1 Samuel 26:23

"Pague, porém, o Senhor a cada um a sua justiça e a sua lealdade; pois o Senhor te havia entregado, hoje, nas minhas mãos, porém eu não quis estendê-las contra o **Ungido** do Senhor."

2 Samuel 1:14

"Davi lhe disse: Como não temeste estender a mão para matares o **Ungido** do Senhor?"

2 Samuel 1:16

"Disse-lhe Davi: O teu sangue seja sobre a tua cabeça, porque a tua própria boca testificou contra ti, dizendo: Matei o **Ungido** do Senhor."

2 Samuel 1:21

"Montes de Gilboa, não caia sobre vós nem orvalho, nem chuva, nem haja aí campos que produzam ofertas, pois neles foi profanado o escudo dos valentes, o escudo de Saul, que jamais será **Ungido** com óleo."

2 Samuel 19:21

"Então, respondeu Abisai, filho de Zeruia, e disse: Não morreria, pois, Simei por isto, havendo amaldiçoado ao **Ungido** do Senhor?"

2 Samuel 22:51

"É ele quem dá grandes vitórias ao seu rei e usa de benignidade para com o seu **Ungido**, com Davi e sua posteridade, para sempre."

2 Samuel 23:1

"São estas as últimas palavras de Davi: Palavra de Davi, filho de Jessé, palavra do homem que foi exaltado, do **Ungido** do Deus de Jacó, do mavioso salmista de Israel."

1 Crônicas 16:22

"dizendo: Não toqueis nos meus **Ungidos**, nem maltrateis os meus profetas."

2 Crônicas 6:42

"Ah! Senhor Deus, não repulses o teu **Ungido;** lembra-te das misericórdias que usaste para com Davi, teu servo."

Salmo 2:2

"Os reis da terra se levantam, e os príncipes conspiram contra o Senhor e contra o seu **Ungido**, dizendo:"

Salmo 18:50

"É ele quem dá grandes vitórias ao seu rei e usa de benignidade para com o seu **Ungido**, com Davi e sua posteridade, para sempre."

Salmo 20:6

"Agora, sei que o Senhor salva o seu **Ungido**; ele lhe responderá do seu santo céu com a vitoriosa força de sua destra."

Salmo 28:8

"O Senhor é a força do seu povo, o refúgio salvador do seu **Ungido**."

Salmo 84:9

"Olha, ó Deus, escudo nosso, e contempla o rosto do teu **Ungido**."

Salmo 89:38
"Tu, porém, o repudiaste e o rejeitaste; e te indignaste com o teu **Ungido**."

Salmo 89:51
"com que, Senhor, os teus inimigos têm vilipendiado, sim, vilipendiado os passos do teu **Ungido**."

Salmo 105:15
"dizendo: Não toqueis nos meus **Ungidos**, nem maltrateis os meus profetas."

Salmo 132:10
"Por amor de Davi, teu servo, não desprezes o rosto do teu **Ungido**."

Salmo 132:17
"Ali, farei brotar a força de Davi; preparei uma lâmpada para o meu **Ungido**."

Isaías 45:1
"Assim diz o Senhor ao seu **Ungido**, a Ciro, a quem tomo pela mão direita, para abater as nações ante a sua face, e para descingir os lombos dos reis, e para abrir diante dele as portas, que não se fecharão."

Lamentações 4:20
"O fôlego da nossa vida, o **Ungido** do Senhor, foi preso nos forjes deles; dele dizíamos: debaixo da sua sombra, viveremos entre as nações."

Daniel 9:25-26
"Sabe e entende: desde a saída da ordem para restaurar e para edificar Jerusalém, até ao **Ungido**, ao Príncipe, sete semanas e sessenta e

duas semanas; as praças e as circunvalações se reedificarão, mas em tempos angustiosos.

Depois das sessenta e duas semanas, será morto o **Ungido** e já não estará; e o povo de um príncipe que há de vir destruirá a cidade e o santuário, e o seu fim será num dilúvio, e até o fim haverá guerra; desolações são determinadas."

Habacuque 3:13
"Tu sais para salvamento do teu povo, para salvar o teu **Ungido**; feres o telhado da casa do perverso e lhe descobres de todo o fundamento."

Estas são as 39 vezes em que é citada a palavra "Mashiah" no 1.º testamento.

1.1.1 A evolução da perspectiva hebraica sobre o termo

Vale ressaltar que temos várias interpretações sobre o **Mashiah**, **Cristo** em escrituras não canônicas. Porém, optamos por focar nas escrituras judaico-cristãs, pois o objetivo é uma análise do significado de **Cristo** no primeiro testamento.

E após analisarmos os 39 versículos que citam "**Mashiah**" ou "**Cristo**" **(Ungido)**, podemos constatar que essa palavra na cultura hebraica tem um significado complexo e variado, necessitando de uma análise resumida dos embasamentos, para entendermos o sincretismo e desenvolvimento da perspectiva e uso dela no decorrer do tempo.

E para isso agora aprofundaremos nas observações das escrituras bíblicas que inspiraram as interpretações e desenvolvimento das perspectivas na cultura hebraica com relação ao **Mashiah** ou **Ungido**.

Usando a versão da Bíblia de Jerusalém nova edição revista e ampliada e baseados no léxico hebraico (The Brown-Driver-Briggs Hebrew and English Lexicon), temos o **Mashiah** ou **Ungido** com as seguintes interpretações:

I. Patriarcas considerados ungidos

Salmos 105:15

*"Não toqueis nos meus **Ungidos**, não fazei mal a meus profetas!"*

Aqui temos uma referência aos **Patriarcas (Abraão, Isaque e Jacó)** sendo denominados como **Ungidos**.

II. Sumo sacerdote de Israel

Levítico 4:3

*"se o **Sacerdote Ungido** pecar para escândalo do povo, oferecerá pelo seu pecado um novilho sem defeito ao Senhor, como oferta pelo pecado."*

Neste versículo temos referência de **Ungido** ao **Sumo Sacerdote**!

III. Rei de Israel Ungido por ordem divina

1 Samuel 24:7

*"E disse aos seus homens: "Que **Iahweh** (Deus) me tenha como abominável se eu fizer isso ao meu senhor, o **Ungido de Iahweh** (Deus), levantando a mão contra ele, porque é o **Ungido de Iahweh** (Deus)."*

Neste versículo Davi cita duas vezes que Saul, primeiro rei de Israel, é um **Ungido de Deus**!

E temos vários outros versículos que mencionam o **Ungido** com referência monárquica. Ex.: **Ungido por ordem divina**: 1 Samuel 24:11; 1 Samuel 26:9, 11,16,23; 2 Samuel 1:14; 2 Samuel 1:16; 2 Samuel 19:22; Lamentações 4:20; Samuel 23:1; **sufixos como referência**: 1

Samuel 12:3,5; 1 Samuel 16: 6; Salmo 20:7; Salmo 28:8; Habacuque 3:13; **Dinastia davídica com ideais messiânicos anexados**: Salmo 2:2; Salmo 18:51; 2 Samuel 22:51; Salmo 89:39; Salmo 89:52; Salmo 132:10; 2 Crônicas 6:42; Salmo 132:17; 1 Samuel 2:10,35.

IV. Imperador Persa Ciro, intitulado de Mashiah (Ungido), salvador e provedor enviado por Deus

Isaías 45:1

"Assim diz **Iahweh (Deus)** *ao seu* **Ungido***, a* **Ciro** *que tomei pela destra, a fim de subjugar a ele nações e desarmar reis, a fim de abrir portas diante dele, a fim que os portões não sejam fechados."*

Neste versículo do livro de Isaías se profetiza e celebra a vitória de **Ciro**, como **enviado** e **Ungido** por **Iahweh (Deus)**. E no livro de Esdras, capítulo 1, versículos 2-4 temos:

"Assim fala **Ciro**, rei da Pérsia: **Iahweh, (Deus)** o Deus do céu, entregou me todos os reinos da terra e me encarregou de construir lhe um templo em Jerusalém, na terra de Judá. Todo aquele que dentre vós, pertence ao seu povo, Deus esteja com ele e suba a Jerusalém, na terra de Judá, e construa o Templo de **Iahweh (Deus)**, o Deus de Israel- o Deus que reside em Jerusalém. Que a todos os sobreviventes, em toda a parte, a população dos lugares onde eles moram traga uma ajuda em prata, ouro, bens, animais e donativos espontâneos para o Templo de Deus que está em Jerusalém".

Em Esdras, ao tratar Ciro como um **Mashiah, Ungido**, já se cria uma perspectiva de que o **Ungido**, além de um salvador, também é um provedor da restauração da nação e do Templo de Israel. E ele faz com que as nações tenham o reconhecimento sobre a soberania de **Iahweh (Deus)**.

V. Príncipe messiânico

Daniel 9:25

*"Fica sabendo, pois, e compreende isto: Desde a promulgação do decreto 'sobre o retorno e a reconstrução de Jerusalém' até um **Príncipe Ungido**, haverá sete semanas. Durante sessenta e duas semanas serão novamente restauradas, reconstruídas, praças e muralhas, embora em tempos calamitosos."*

VI. Ungido escatológico

Daniel 9:26

*"Depois das sessenta e duas semanas um **Ungido** será eliminado (cortado), embora ele não tenha... E a cidade e o Templo serão destruídos por um príncipe que virá. Seu fim será um cataclismo e, até o fim, a guerra e as desolações decretadas."*

Esses textos do livro de Daniel 9:25-26 são dois versículos bem complexos, que trazem diversas interpretações teológicas da parte judaica, tanto em relação ao tempo quanto a definição da personificação do **Príncipe Ungido**, e do **Ungido** "cortado". Por isso me limitarei em dizer que as perspectivas desses versículos são relacionadas com a promessa do **Príncipe Ungido** no versículo 25. E de um **Ungido** escatológico (fim dos tempos) no versículo 26.

Resumidamente, temos aqui, mediante a análise das escrituras do 1.º Testamento, seis relações que fazem vínculo com a palavra "**Mashiah**" = **Cristo (Ungido)**: desde os **Patriarcas**, depois os **Sumo-Sacerdote**, os **Reis**, temos também **Ciro** como sendo um **Ungido**, **Salvador** e **Libertador** enviado por Deus. E no livro de Daniel temos relatos mais enigmáticos sobre um **Príncipe messiânico** e um **Ungido escatológico** (fim dos tempos).

Como confirmado antes, temos nas escrituras da **Tanakh** (Primeiro Testamento) o **Mashiah, Ungido** com interpretações e expectativas diferentes. Além disso, podemos observar, por meio de uma análise histórico-crítica das escrituras, que a interpretação do **Mashiah, Ungido** tem sua variação dependente da situação em que o povo se encontrava. Criaram-se perspectivas adaptativas, as quais tinham no **Ungido** o representante de Deus na terra e mantenedor da lei divina na época de liberdade, como no caso dos **Patriarcas, Sumo Sacerdote** e o **Rei**; e uma esperança de um **Ungido libertador**, um enviado por Deus para ser provedor de uma libertação milagrosa, restaurando o governo divino na Terra, quando eles se encontravam cativos.

Contudo, na época de Jesus, essas perspectivas já estavam sincretizadas, resultando no desenvolvimento de um **Mashiah pessoal, Ungido pessoal**, personificando as características messiânicas em um indivíduo profético prometido, um descendente davídico, libertador e restaurador do povo de Israel e instaurador da era messiânica, e este estabeleceria um reino terreno de governo divino, com paz universal, prosperidade e justiça. Esta esperança é vivida e esperada até hoje, por este povo que lutou sempre por sua liberdade e restauração de sua nação.

E no início do I século, a ansiedade dos judeus para que esse ato profético se realizasse era muito forte, pois o povo se encontrava cativo em sua própria terra. E a crença nesse salvador era o que sustentava aquela nação, em um período tão difícil.

Concluindo!

Após analisarmos as várias concepções do termo **Mashiah, Cristo**, na perspectiva hebraica, podemos resumir de maneira simplória que a perspectiva do **Mashiah, Cristo, na época de Jesus** é de um representante de Deus enviado para estabelecer um reino terreno de Governo Teocrático. E este suprirá todas as perspectivas messiânicas sincretizadas mediante o desenvolvimento da cultura hebraica.

1.1.2 Jesus atende as perspectivas messiânicas judaicas?

Após esse entendimento simplificado de **Mashiah/Cristo** até o início do primeiro século, respeitando a complexidade e variedade de interpretações judaicas sobre o termo, iremos analisar se Jesus atende as perspectivas messiânicas do judaísmo naquele tempo.

Começaremos por um fato incontestável: Jesus era um judeu religioso. Prova disso é o que vemos no evangelho de Lucas capítulo 2, versículos 41-42: "Todos os anos os pais de Jesus iam a Jerusalém para a festa da Páscoa. Quando ele atingiu a idade de doze anos, a família foi à festa, como era hábito".

Sem dúvidas, Jesus cresceu e foi educado na religião judaica. E no decorrer de todos os evangelhos, vemos os relatos de Jesus nos templos e participando das tradições judaicas. Então podemos concordar que Jesus sabia sobre as várias concepções do que era ser o **Mashiah, Ungido**, tanto nas expectativas populares como nas descrições das escrituras.

E a partir dos vários conflitos com os doutores da Lei, relatados nos evangelhos, podemos afirmar que Jesus surge não atendendo todas as perspectivas hebraicas do **Mashiah, Ungido** (não atendendo as perspectivas para a parte majoritária dos estudantes da Lei e dos sacerdotes mantenedores da tradição judaica). Pois Jesus demonstra ser um mestre da lei judaica não ortodoxo, já que ensinava, a partir de seu método missionário, sua interpretação da lei para todas as pessoas, em qualquer lugar, simplificando o cumprimento da Lei divina pela propagação do Amor Divino à humanidade, usando das escrituras para apoiar suas afirmações interpretativas. Porém, não se limitando a elas, já que acrescentava o "porém vos digo," uma possível atualização das escrituras, confrontando os mestres da lei. Além disso, ele afirmava que suas palavras vinham do próprio Deus, o qual ele chamou de Pai, expressão de intimidade e fácil acesso do homem com o divino!

Observamos que Jesus tem sua base religiosa nos bons conceitos judaicos, contudo criticava o comportamento do sistema religioso

25

vigente, o qual era politizado e elitizado, bem contrastante com o movimento de Jesus, que tinha como público-alvo da sua doutrina as pessoas mais simples e algumas até rejeitadas pela sociedade, e talvez por isso que vemos ele usando de parábolas para ensinar, um método de ensino bem prático, principalmente para as pessoas mais humildes, em sua maioria pastores e camponeses. Usava dessa técnica de comparação ou analogia das coisas do cotidiano do povo, além de exemplos de relações familiares, para ensinar de maneira mais concreta os preceitos das escrituras, assim facilitando a sua prática.

Prova disso é que o ensinamento de Jesus por meio das parábolas se relaciona muito com a agricultura, facilitando o entendimento da classe campesina. Além disso, demonstra com passagens que relatam os relacionamentos sociais, afirmando que a alegria do Pai é a união dos irmãos, e isso se confirma com a simples porém profunda questão "quem é meu próximo?" explicando que o próximo é até seu inimigo (ex.: samaritano, um dos maiores inimigos dos judeus naquela época).

Ademais, Jesus traz em sua doutrina uma simplificação, a qual facilitava o entendimento do cumprimento das leis por meio do resumo prático do Amor divino vivencial. Adquiria, assim, mais do que simples alunos teóricos, explicando que conheceremos seus discípulos, sendo aqueles que amam uns aos outros, chamando-os de "ἀπόστολος," apóstolos = enviados, missionários divulgadores e imitadores da doutrina de vida de Jesus. Ele decretou como mandamento principal o amor a Deus sobre todas as coisas e igualou o amar a Deus com o amor ao próximo como a ti mesmo, mostrando que, ao servir o seu próximo, você estaria servindo ao próprio Deus. Assim, Jesus ensina um servir a Deus de maneira concreta e objetiva, descentralizando do culto ritualístico, o qual focava no templo e na liderança sacerdotal. Além disso, também criticava as eventuais caridades forçadas e publicitárias. Como dito, ele se volta para um culto mais centrado no vivencial coletivo, repartindo alimentos, curando enfermos e motivando as pessoas pela busca voltada às recompensas celestiais. Traz a consciência de que a vida material é passageira e sujeita a aflições e adversidades por conta das inúmeras necessidades físico-biológicas e pela fragilidade do corpo humano; prega que a vida espiritual é eterna e de suplementação exclusiva de Deus, fazendo desta linha de pensamento um movimento orgânico, expansivo por natureza, "uma corrente do bem", a partir do "ide e pregai a Boa Nova a todas as criaturas". E assim Jesus e seus discípulos, por meio desta doutrina visível e de entendimento simples, faziam muitos seguidores, pois seus ensinamentos eram mais atraentes para aquele povo sofrido, pois propunham a visão de um Deus Pai em vez de um Deus Senhor. Um Deus que tem nas primícias de suas normas o amor, o perdão e o não julgamento, aliviando os cansados e sobrecarregados, assistindo os necessitados material e espiritualmente.

E notamos, pelos evangelhos, que Jesus não tinha nenhuma aspiração a ser um líder religioso institucional, muito menos fazer uma revolta com objetivo de criar um reino terreno imediato, por meio de uma revolução, a qual era a perspectiva de muitos judeus com relação ao **Mashiah (Ungido)**.

Pelo contrário, Jesus pregava uma doutrina missionária de se esforçar para buscar o **"Reino dos Céus** ou **Reino de Deus"**. E uma observação importante é que o **Reino de Deus** que Jesus quer implantar na terra é espiritual. Como ele afirma para Pilatus em João 18:36: "Respondeu Jesus: O meu reino não é deste mundo; se o meu reino fosse deste mundo, pelejariam os meus servos, para que eu não fosse entregue aos judeus; entretanto o meu reino não é daqui."

Diferente da concepção majoritária judaica, a qual tem no Mashiah um rei terreno cumpridor de toda perspectiva hebraica do **Reino de Deus** (era messiânica judaica), vemos em JESUS um Mashiah implantador do **Reino de Deus** pela conscientização divinal paterna, onde ele explica que a **Era Messiânica** é como um grão de mostarda, um pequeno movimento que começa com uma pequena semente; que é Jesus "um filho de Deus". E que frutificou e se espalhou por meio do seu apostolado, confirmando o dizer de Jesus aos seus discípulos: "o **Reino de Deus está** entre vós".

E Jesus reafirma a conscientização paternal divina na citação: "bem-aventurados os pacificadores, pois serão chamados de filhos de Deus", deixando claro que JESUS não veio apenas morrer por nós, mas sim ensinar a vivermos fazendo a vontade do **PAI**, que é uma pacificação da humanidade, uma vivência de amor fraternal, levando a Boa Nova que é a Lei do AMOR ao próximo como a nós mesmos, e esta, se ensinada e praticada por toda criatura, concretizará o **Reino de Deus** na terra, a tão almejada **Era Messiânica**.

Outro fator que chama a atenção nas condutas de Jesus é a clareza de entendimento do seu objetivo escatológico, pois ele pregava que o fim estava próximo, tendo a consciência de que sua doutrina ia em desencontro com os objetivos políticos das instituições dominantes, tendo como certa a consequência de sua morte e as perseguições e eliminações dos seus discípulos. Isso considerando que a linha de pensamento de divisão política da espiritual pregada por Jesus, com o "dê a César o que é de César, e dê a DEUS o que é de DEUS", não era bem-aceita pelas autoridades religiosas, as quais eram escolhidas pelos políticos romanos.

E vemos em vários versículos a consciência que Jesus tinha das consequências que a divulgação da sua doutrina de vida lhe traria, deixando claro que este objetivo de sacrifício traria a imortalidade de sua doutrina de busca ao Reino dos Céus. Sendo coerente com toda doutrina de Jesus, a qual prega o esforço e busca da vida espiritual eterna. E uma vida terrena voltada a fazer a vontade do Deus Pai, propagando o amor divino transformador de inimigos em irmãos, mesmo que isso custasse a rejeição e a morte material, previsão declarada por Jesus em João 16:2: "Eles vos expulsarão das sinagogas; mas vem a hora em que todos os que vos matar julgará com isso tributar culto a Deus."

E no final deste versículo ele conforta seus discípulos dizendo que a vida material é difícil, porém a vitória espiritual eterna se conclui com o objetivo escatológico da sua doutrina, como relatado em João 16:33: "Estas coisas vos tenho dito para que tenhais paz em mim. No mundo, passais por aflições; mas tende bom ânimo; eu venci o mundo."

Citarei alguns versículos confirmando a doutrina escatológica de Jesus.

Mateus capítulo 16, versículo 21
"Desde aquele momento Jesus começou a explicar aos seus discípulos que era necessário que ele fosse para Jerusalém e sofresse muitas coisas nas mãos dos líderes religiosos, dos chefes dos sacerdotes e dos mestres da lei, e fosse morto e ressuscitasse no terceiro dia."

João capítulo 12, versículo 24
"Digo verdadeiramente que, se o grão de trigo não cair na terra e não morrer, continuará ele só. Mas, se morrer, dará muito fruto.
Aquele que ama a sua vida a perderá; ao passo que aquele que odeia a sua vida neste mundo a conservará para a vida eterna."

Marcos capítulo 9, versículos 30-32
"O Filho do homem será entregue às mãos dos homens, e tirar-lhe-ão a vida; e depois de morto, ressurgirá ao terceiro dia. Mas eles não compreendiam estas palavras, e temiam interrogá-lo."

E finalmente em **Mateus capítulo 20, versículos 17-19** ele reafirma seu plano aos discípulos.

"Estando Jesus para subir a Jerusalém, chamou à parte os doze, e em caminho lhes disse: Eis que subimos a Jerusalém, e o Filho do homem será entregue aos principais sacerdotes e aos escribas; eles o condenarão à morte e o entregarão aos gentios para ser escarnecido, açoitado e crucificado, e ao terceiro dia ressuscitará."

Vejamos que Jesus a seguir começa a colocar em prática seu planejamento em busca de seu objetivo escatológico, sendo bem visível sua intenção em Mateus capítulo 21, versículos 1-9:

"Quando se aproximaram de Jerusalém e chegaram a Betfagé, ao monte das Oliveiras, enviou Jesus dois discípulos, dizendo-lhes:

Ide à aldeia que aí está diante de vós e logo achareis presa uma jumenta e, com ela, um jumentinho. Desprendei-a e trazei-os.

E, se alguém vos disser alguma coisa, respondei-lhe que o Senhor precisa deles. E logo os enviará.

Ora, isto aconteceu para se cumprir o que foi dito por intermédio do profeta:

Dizei à filha de Sião: Eis aí te vem o teu Rei, humilde, montado em jumento, num jumentinho, cria de animal de carga.

Indo os discípulos e tendo feito como Jesus lhes ordenara, trouxeram a jumenta e o jumentinho. Então, puseram em cima deles as suas vestes, e sobre elas Jesus montou.

E a maior parte da multidão estendeu as suas vestes pelo caminho, e outros cortavam ramos de árvores, espalhando-os pela estrada.

E as multidões, tanto as que o precediam como as que o seguiam, clamavam: Hosana ao Filho de Davi! Bendito o que vem em nome do Senhor! Hosana nas maiores alturas!"

Temos aqui Jesus reproduzindo um texto considerado profético que o associou com o Mashiah, e na continuação do capítulo 21 temos nos versículos 12-16 um ato decisivo, que certamente o levaria ao seu martírio.

"Tendo Jesus entrado no templo, expulsou todos os que ali vendiam e compravam; também derribou as mesas dos cambistas e as cadeiras dos que vendiam pombas.

E disse-lhes: Está escrito: A minha casa será chamada casa de oração; vós, porém, a transformais em covil de salteadores.

Vieram a ele, no templo, cegos e coxos, e ele os curou.

Mas, vendo os principais sacerdotes e os escribas as maravilhas que Jesus fazia e os meninos clamando: Hosana ao Filho de Davi! indignaram-se e perguntaram-lhe:

Ouves o que estes estão dizendo? Respondeu-lhes Jesus: Sim; nunca lestes: Da boca de pequeninos e crianças de peito tiraste perfeito louvor?"

Essa perícope mostra o conflito de Jesus com a maneira que era administrado o sistema religioso institucional, deixando claro que era um apoiador da separação do material versus espiritual, e este, sim, era um grande problema de interesses, pois o Templo já havia muito tempo servia como uma espécie de banco ou casa de câmbio. E esse posicionamento de um líder espiritual em ascendência, o qual chamavam de descendente de Davi, trazia no mínimo uma preocupação para os líderes da instituição judaica. E certamente foi visto como afronta pelos sacerdotes. E isso sabidamente traria consequências que Jesus já esperava acontecer.

Jesus fez tudo muito bem planejado, desde a data, na qual se comemorava a libertação do povo da escravidão do Egito, até a maneira de se conduzir perante as autoridades, tudo direcionado à concretização do seu objetivo de reconhecimento messiânico.

A afronta contra a instituição religiosa judaica feita por Jesus serviu como o estopim para que os doutores da Lei se mobilizassem para implodir de vez com aquele aspirante a Mashiah e assim destruir seu movimento. É claro que os sacerdotes não acreditavam que Jesus era o Messias, porém a questão relativa a blasfemar contra a doutrina judaica não estava surgindo efeito para uma punição mais rigorosa de Roma. Restou então aos sacerdotes a acusação de que Jesus se intitulava falsamente como "Rei dos judeus", chamando a atenção para a possibilidade de revoltas contra Roma.

Vemos isso com clareza ao observar que Jesus foi condenado e morto pelo império romano, acusado de ser um aspirante a rei dos judeus! Diferente da acusação primária sobre blasfemar contra a doutrina judaica segundo o Sinédrio.

Sendo assim, Jesus foi condenado por crime contra o Império. E a prova disso se dá ao analisarmos que Jesus teve sentença de condenado político. E isso se comprova no Evangelho de João, capítulo 19, versículo19, que diz:

"Pilatos escreveu também um título e o colocou no cimo da cruz; o que estava escrito era: Jesus Nazareno, o Rei dos Judeus. Muitos judeus leram este título, porque o lugar em que Jesus fora crucificado era perto da cidade; e estava escrito em hebraico, latim e grego."

Nesse versículo nota-se que o objetivo da punição era a intimidação de qualquer pessoa que tivesse a menor intenção de ir contra a soberania de Roma. E não por questões religiosas.

Contudo, Jesus concluiu seu plano, morrendo acusado de ser o **"Rei dos judeus"**, com reconhecimento romano. Tem-se, no fim de sua vida terrena, o nascimento da doutrina monárquica celestial, criando perspectivas novas sobre as interpretações messiânicas, fundamentadas agora neste rei que venceu a morte, mostrando que a vida espiritual é a plenitude do Reino dos Céus, o qual se torna o objetivo e recompensa aos fiéis seguidores de Jesus, pelo "viver é Cristo, morrer é lucro".

1.1.3 A primeira divisão cristã

Porém, analisando de maneira não devocional, baseado na cultura judaica que até hoje está à espera do **Messias/Cristo**, podemos afirmar que temos aqui a **primeira divisão cristã** ou **divisão do Cristo (Mashiah/Ungido)**.

Para o Sumo Sacerdote, o qual era cultural e politicamente o representante da instituição religiosa judaica, além da maioria dos doutores da lei, classe predominante da religião judaica, é certo que estes não aceitaram Jesus como sendo o **Messias, Cristo (Ungido)**.

Pelo contrário, eles consideravam que os ensinamentos de Jesus eram blasfêmia, já que a interpretação da lei que Jesus propagava tinha até acréscimos na mesma. Além disso, Jesus dizia que suas palavras vinham do próprio Deus, ao qual se referia de maneira carinhosa e íntima como sendo o "Abba", que significa Pai, paizinho. E isso para um judeu ortodoxo era inaceitável, já que nas escrituras se tinha a referência de Filho de Deus a seres celestiais!

Resumindo: a primeira divisão do Mashiah, Cristo, se dá pela não aceitação dos judeus ortodoxos, afirmando que Jesus era um herege (que ou aquele que adota ou defende ideias ou doutrinas que contrariam aquelas do seu grupo), além de não cumprir as perspectivas judaicas messiânicas. E do outro lado teremos os judeus que creram que Jesus era o **Mashiah, Cristo**. E estes deram continuidade à doutrina vivencial de Jesus, adicionando com o tempo novos conceitos e dogmas – inclusive a volta do **Mashiah, Cristo**, para concluir as perspectivas messiânicas restantes.

Quero deixar claro que minha intenção não é de afirmar que Jesus não é o Mashiah, Cristo! Contudo, estou fazendo uma observação: para a maioria dos judeus, Jesus não era e não é o **Messias/Cristo judaico**, e isso se comprova ao analisar o movimento continuado pelos discípulos, os quais pregavam os ensinamentos de Jesus. Estes eram considerados membros de uma seita judaica herege. E eram excluídos do judaísmo. Como se comprova em **João 9:22**:

"Isto disseram seus pais porque estavam com medo dos judeus; pois estes já haviam assentado que, se alguém confessasse ser Jesus o Cristo, fosse expulso da sinagoga."

Então podemos reafirmar que a primeira divisão que temos sobre a divisão Cristã, ou divisão do Cristo é: uma maioria de **judeus com representatividade religiosa institucional que não aceitaram Jesus como Mashiah, Cristo (Ungido)** versus **judeus crentes que Jesus era o Mashiah, Cristo (Ungido)**, porém com uma interpretação adquirida pelos ensinamentos de Jesus, diferente do judaísmo tradicional, sendo tratados como desviados da sã doutrina judaica. E a comprovação desta perspectiva se dá no fato de que até hoje os judeus, mesmo os que reconhecem Jesus como um mestre da lei judaica, sustentam por meio de suas escrituras e tradições culturais que ele não é o **Mashiah Judaico.**

2ª DIVISÃO

JUDEUS CRISTÃOS X GENTIOS CRISTÃOS

2.1 A marginalização dos judeus cristãos pela doutrina judaica

Como comentado no capítulo anterior, a maioria dos sacerdotes judeus não concordaram que Jesus era o Messias judaico. Desse modo, transformaram os judeus que aceitaram Jesus como sendo o Messias em seguidores de uma seita paralela ao judaísmo ortodoxo. E como podemos ver em João 9:22: "se alguém confessasse ser Jesus o Cristo, fosse expulso da sinagoga."

Também vimos anteriormente que a interpretação doutrinária de Jesus se diferenciava bastante do Judaísmo Ortodoxo. Jesus ensina um serviço a Deus por meio de servir o próximo. E anunciava o esforço para viver o reino dos céus, mostrando que esse reino já se encontrava presente. E bastava vivenciar e propagar o mesmo.

E reforçando a distinção entre as duas doutrinas, temos de fácil percepção no comparativo dos modos operantes da divulgação dos ensinamentos de Jesus versus o Judaísmo Ortodoxo. Neste, o judaísmo tem como objetivo um conservadorismo cultural da interpretação das escrituras e a permanência centralizada no culto templário e sacerdotal, os quais eram as bases de sua instituição.

Já Jesus prega uma doutrina prática e vivencial, onde seus feitos buscavam ensinar que por nossas obras podemos fazer uma melhor representação de Deus na Terra, lembrando que o Deus que Jesus prega é um "Deus Pai", provedor, acolhedor e misericordioso. Um pouco diferente da interpretação hebraica, que o chamava de "Senhor dos exércitos". Além disso, Jesus descentraliza do culto ritualístico institucional, e foca no culto missionário com "o ide e levai a Boa Nova do Deus Pai", sendo essa vivência replicada por seus discípulos. Estes, contrastando os doutores da lei, eram em sua maioria homens humildes e iletrados, porém davam a continuidade na proposta simples e objetiva da interpretação de Jesus de fazer a vontade de Deus, a partir da referência desse homem que se tornou exemplo de conduta de vida a ser seguida. Podemos classificar, de maneira informal, que a tentativa de propagar o modo de vida de Jesus é a origem do verdadeiro cristianismo primitivo ou continuidade do estilo de vida de Jesus.

Como já visto, as diferenças entre as crenças ocasionavam vários conflitos, obrigando os judeus que aceitaram Jesus como sendo o Messias a se adaptarem àquela situação, pois, com os problemas encontrados para praticar sua cultura religiosa no Templo, lugar de costume onde realizavam suas devoções, estava cada vez mais difícil de serem feitas, a convivência entre judeus e judeus seguidores de Jesus estava à beira de um colapso. Lembrando que a doutrina de Jesus, divulgada por seus Apóstolos, baseava-se no "ide e pregai a Boa Nova", pregando interpretações religiosas diferentes das seguidas pelos doutores da lei, e isso serviu como pretexto principal para as perseguições e marginalizações dos judeus seguidores de Jesus.

E isso fica evidente até mesmo nas escrituras canônicas, que mostram a ruptura entre os judeus crentes que Jesus era o Messias/Cristo e os judeus ortodoxos que não o aceitaram como sendo o Mashiah. Essa divisão entre os judeus seguidores de Jesus e os judeus ortodoxos criou um clima de hostilidade e discriminação, levando a perseguições e marginalizações. Essa tensão religiosa também se refletiu nas escrituras canônicas, onde são apresentados diferentes pontos de vista sobre a identidade messiânica de Jesus.

E temos o ápice do conflito da doutrina de Jesus com o judaísmo ortodoxo, na passagem bíblica que fala sobre Estêvão em Atos capítulo 6, versículos 8 ao 13:

> "Estêvão, cheio de graça e poder, fazia prodígios e grandes sinais entre o povo.

> Levantaram-se, porém, alguns dos que eram da sinagoga chamada dos Libertos, dos cireneus, dos alexandrinos e dos da Cilícia e Ásia, e discutiam com Estêvão;
>
> e não podiam resistir à sabedoria e ao Espírito, pelo qual ele falava.
>
> Então, subornaram homens que dissessem: Temos ouvido este homem proferir blasfêmias contra Moisés e contra Deus.
>
> Sublevaram o povo, os anciãos e os escribas e, investindo, o arrebataram, levando-o ao Sinédrio"
>
> Apresentaram testemunhas falsas, que depuseram: Este homem não cessa de falar contra o lugar santo e contra a lei;
>
> porque o temos ouvido dizer que esse Jesus, o Nazareno, destruirá este lugar e mudará os costumes que Moisés nos deu."

É nítido que Estêvão, como praticante e propagador da Boa Nova, não se calou perante os doutores da lei. E como imitador de JESUS usou da própria escritura para criticar as condutas do sistema religioso vigente. Como podemos ver em Atos capítulo 7, versículos 47-58:

> "Mas foi Salomão quem lhe edificou a casa.
>
> Entretanto, não habita o Altíssimo em casas feitas por mãos humanas; como diz o profeta:
>
> O céu é o meu trono, e a terra, o estrado dos meus pés; que casa me edificareis, diz o Senhor, ou qual é o lugar do meu repouso?
>
> Não foi, porventura, a minha mão que fez todas estas coisas?

Homens de dura cerviz e incircuncisos de coração e de ouvidos, vós sempre resistis ao Espírito Santo; assim como fizeram vossos pais, também vós o fazeis.

Qual dos profetas vossos pais não perseguiram? Eles mataram os que anteriormente anunciavam a vinda do Justo, do qual vós agora vos tornastes traidores e assassinos,

vós que recebestes a lei por ministério de anjos e não a guardastes.

Ouvindo eles isto, enfureciam-se no seu coração e rilhavam os dentes contra ele.

Mas Estêvão, cheio do Espírito Santo, fitou os olhos no céu e viu a glória de Deus e Jesus, que estava à sua direita,

e disse: Eis que vejo os céus abertos e o Filho do Homem, em pé à destra de Deus.

Eles, porém, clamando em alta voz, taparam os ouvidos e, unânimes, arremeteram contra ele.

E, lançando-o fora da cidade, o apedrejaram. As testemunhas deixaram suas vestes aos pés de um jovem chamado Saulo."

Aqui podemos perceber um relato bíblico que mostra que a interpretação dos ensinamentos de Jesus sobre as escrituras aumentou a intolerância religiosa contra os seus seguidores, pois afrontar a classe religiosa predominante por meio das críticas fundamentadas nas próprias escrituras dessa classe religiosa predominante que por vezes deixavam demostrado que muitos não seguiam o que professavam, ocorrendo assim um ferimento em seus egos, ocasionando um excesso de ira, associado a uma falta de argumentos para rebater de forma racional. Acometendo estes extremistas religiosos intolerantes aos ensinamentos de Jesus com uma cegueira espiritual, e pela obscuridade de suas almas, fizeram da eliminação da crítica, um instrumento protetivo das tradições baseadas nas religiosidades que favoreciam os seus interesses humanos.

E vemos essas armas persecutórias sendo usadas pelos religiosos extremistas, como uma ferramenta contra a propagação da linha de pensamento de JESUS. Os anticristãos, usando de distorções e mentiras sobre as doutrinas vivenciais cristãs, marginalizavam os mesmos, tendo como consequência uma perseguição religiosa mortal, aliada a uma política de exclusão social dos seguidores de JESUS.

Como relatado antes, "As testemunhas deixaram suas vestes aos pés de um jovem chamado Saulo" e este, crente seguidor e defensor das tradições judaicas, acreditou que aquele que dizia heresias contra sua fé era o inimigo de Deus, tendo ele o fim merecido e justo. E a conclusão chegada foi que, para proteger a Sã Doutrina, era preciso eliminar todos os hereges, deturpadores dos mandamentos "divinos".

Assim este tal Saulo, que, devido a sua visão turva pelo ódio, não conseguia ver os pecados que cometia até mesmo contra a sua própria doutrina, pois o "não matarás", já não se enxergava mais na lei que ele seguia, e sua conivência com a violência contra os seguidores de Jesus aumentava a enfermidade de sua visão espiritual, como relatado em Atos 8:3: "Saulo, porém, assolava a igreja, entrando pelas casas; e, arrastando homens e mulheres, encerrava-os no cárcere."

A narrativa bíblica conta que Saulo estava em sua jornada para perseguir os cristãos em Damasco quando uma luz brilhante o cercou e ele ouviu uma voz que dizia: "Saulo, Saulo, por que me persegues?" Ele caiu ao chão e ficou cego por três dias. Nesse período, Ananias, um cristão em Damasco, foi instruído por uma visão a ir até Saulo e orar por ele. Quando Ananias chegou, orou por Saulo, que recuperou a visão e se converteu ao cristianismo, sendo batizado; com o tempo, muda seu nome, o qual tem origem hebraica (Saul, nome do primeiro rei de Israel), para Paulo, uma versão latina do seu nome.

A conversão de Paulo traz um novo prisma para o cristianismo, pois, diferentemente dos doze discípulos iniciais de Jesus, era um doutor da lei, como descrito no livro de Atos 22:3: "3 Eu sou judeu, nasci em Tarso da Cilícia, mas criei-me nesta cidade e aqui fui instruído aos pés de Gamaliel, segundo a exatidão da lei de nossos antepassados, sendo zeloso para com Deus, assim como todos vós o sois no dia de hoje."

Sendo assim, Paulo tinha uma capacidade maior de analisar a doutrina judaica e suas semelhanças e diferenças com os ensinamentos de Jesus, entendendo que a doutrina de Jesus era uma atualização e facilitação para fazer a vontade do Deus Pai, a qual não seria mais só pela letra e tradição, mas principalmente pelo Amor ressuscitador de Deus, mandamento fundamental dos ensinamentos de Jesus.

2.1.1 A inclusão dos gentios na doutrina de Jesus, e seus conflitos adaptativos

Quando falamos sobre a época de Jesus, normalmente restringimo-nos ao judaísmo e ao movimento messiânico de Jesus naquela região, mas a realidade religiosa daquele cenário é de uma pluralidade de crenças ramificadas e sincretizadas. Temos na Grécia, por exemplo, a existência do Culto de Mistérios ou Religião de Mistérios, que enfatiza a experiência individual do ser ou do sagrado; essa nomenclatura se deve ao fato de os cultos possuírem rituais e cerimônias secretas, que são reservadas apenas para iniciados ou membros da comunidade religiosa. Algumas das religiões de mistérios mais conhecidas incluem o culto Mistérios de Elêusis (cidade próxima a Atenas), que realizava iniciações às deusas Deméter e Perséfone na Grécia antiga.

Os cultos de mistérios serviam como uma alternativa espiritual para quem não se identificava com as religiões oficiais, talvez por sentir mais a influência humana que a divina. Pela quantidade de adeptos a estes cultos, percebe-se que uma linha de pensamento religiosa nova poderia facilmente se desenvolver neste cenário, suprindo a falta de uma religião descentralizada dos sistemas institucionais oficiais.

Paulo de Tarso certamente percebeu esta lacuna e aproveitou a oportunidade para levar a Boa Nova para as pessoas sedentas de uma aproximação mais fácil e direta com o divino, oferecendo, por meio dos ensinamentos de Jesus um caminho de Amor, uma verdade libertadora e uma vida eterna com um Deus Pai!

Paulo, entendendo que a Boa Nova é o Amor ensinado por Jesus, coloca como sua principal missão obedecer ao mandamento de levar esta doutrina a toda criatura, sendo o Amor a primazia sobre todas as coisas, inclusive em relação a diferença de entendimento cultural dos convertidos, como relatado em Romanos 2:11-15:

"Porque para com Deus não há acepção de pessoas.

Assim, pois, todos os que pecaram sem lei também sem lei perecerão; e todos os que com lei pecaram mediante lei serão julgados.

Porque os simples ouvidores da lei não são justos diante de Deus, mas os que praticam a lei hão de ser justificados.

Quando, pois, os gentios, que não têm lei, procedem, por natureza, de conformidade com a lei, não tendo lei, servem eles de lei para si mesmos.

Estes mostram a norma da lei gravada no seu coração, testemunhando-lhes também a consciência e os seus pensamentos, mutuamente acusando-se ou defendendo-se,"

E essa linha de pensamento paulina acabaria entrando em conflito com as crenças judaicas, base fundamental de alguns seguidores de Jesus, trazendo uma problemática principalmente para Pedro, o qual tinha iniciado a inclusão de gentios ao movimento de seguidores de Jesus, como relatado na passagem da conversão do Centurião Cornélio, no livro de Atos capítulo 10. E talvez por isso que Pedro, no mesmo livro de Atos, porém no capítulo 15, o qual relata o Concilio de Jerusalém, intercede de certa forma por uma tolerância maior com a diferença cultural dos gentios, e ele então prioriza a importância da salvação pela vivência em Cristo, independentemente da nacionalidade.

Atos 15:7-11

"Havendo grande debate, Pedro tomou a palavra e lhes disse: Irmãos, vós sabeis que, desde há muito,

Deus me escolheu dentre vós para que, por meu intermédio, ouvissem os gentios a palavra do evangelho e cressem.

Ora, Deus, que conhece os corações, lhes deu testemunho, concedendo o Espírito Santo a eles, como também a nós nos concedera.

E não estabeleceu distinção alguma entre nós e eles, purificando-lhes pela fé o coração.

Agora, pois, por que tentais a Deus, pondo sobre a cerviz dos discípulos um jugo que nem nossos pais puderam suportar, nem nós?'

Mas cremos que fomos salvos pela graça do Senhor Jesus, como também aqueles o foram."

E no mesmo capítulo, no versículo 20, temos a proposta sugerida pelo apóstolo Tiago, de que o importante era dar instruções básicas aos gentios que se converteram aos ensinamentos de Jesus e não os obrigar a cumprir todas as tradições da cultura judaica!

Atos capítulo 15, versículo 20: "mas escrever-lhes que se abstenham das contaminações dos ídolos, bem como das relações sexuais ilícitas, da carne de animais sufocados e do sangue."

Contudo, esse conflito não foi completamente apaziguado, pois logo iniciaria o entendimento, de que seguir Jesus era um movimento distinto do judaísmo. Principalmente com a expansão rápida de seguidores gentios ao movimento de Jesus, iniciando uma nova fase do movimento cristão, por meio dos sincretismos religiosos e culturais, com um desenvolvimento plural de linhas de pensamentos cristãs, o qual ocasionaria um racha na visão messiânica, que na minha opinião é a Segunda Divisão Cristã, a qual embasaremos a seguir.

Como dito, a tentativa de continuidade do movimento doutrinário vivencial de Jesus teve atritos entre as várias vertentes, mas com certeza o conflito entre judeus cristãos e gentios cristão teve grande relevância na ramificação do entendimento do que era ser o

Cristo, e se realmente os movimentos que se criavam eram mesmo uma derivação judaica.

Isso fica bem nítido quando observamos o movimento dos nazarenos, um grupo religioso judaico-cristão que surgiu no primeiro século da era cristã. Eles acreditavam que Jesus era o Messias, mas também observavam estritamente as leis e tradições judaicas, e foram uma parte importante da igreja primitiva em Jerusalém. A maioria dos seguidores do movimento Nazareno, tinham fortes oposição às visões gentílicas. No entanto, após a destruição do templo de Jerusalém em 70 d.C., o grupo se dispersou e perdeu sua identidade como uma seita específica dentro do judaísmo e do cristianismo. Alguns estudiosos argumentam que os nazarenos foram os precursores dos cristãos ebionitas, enquanto outros afirmam que eles representaram um ramo distinto do judaísmo messiânico. Contudo, fica evidente que a continuidade dos atritos entre judeus cristãos e gentios cristãos pela diferença de entendimento cultural religioso é uma importante divisão na linha de pensamento cristã. Embora não haja registros sobreviventes diretos dos ensinamentos dos nazarenos, algumas informações sobre suas crenças e práticas foram preservadas em textos antigos e em relatos históricos.

Outro fato que colabora para percebermos o tamanho do conflito de ideias entre os entendimentos gentílicos sobre Cristo e a visão judaica, se encontra na hipótese do concílio de Jamnia, ocorrida após a Grande Revolta Judaica, a qual terminou com as legiões romanas comandadas por Tito, destruindo a cidade de Jerusalém, inclusive o Templo, acarretando um enorme problema para as questões religiosas judaicas, as quais eram centralizadas nas ritualísticas templárias.

A instabilidade sociopolítica, aliada ao grande desenvolvimento do cristianismo, afetou de maneira direta o judaísmo, o qual teve perda até mesmo de fariseus para o cristianismo. Assim, o judaísmo, mais uma vez precisou se restabelecer para sobreviver. E segundo a hipótese do concílio de Jamnia, presidido pelo rabino Yochanan ben Zakai, o qual seria o líder deste suposto concílio, o qual trataria de restabelecer as bases da religião judaica, incluindo sua base canônica.

Segundo tal hipótese, ficou definido quatro critérios para considerar se o livro era canônico: estar de acordo com a Torah; ter sido escrito na língua hebraica; na Palestina; e antes do pós-exílio babilônico.

Ao observarmos estes movimentos de restabelecimento da religião judaica, perceberemos que a intenção principal é a conservação da cultura e tradição dela, buscando se defender principalmente das novas interpretações de uma nova seita que dizia ser de derivação judaica.

Esses acontecimentos e supostos acontecimentos mostram que o movimento judaico iniciado e liderado por Jesus, com intenção de reformar o judaísmo, tomou novo rumo por conta da expansão cristã apostólica universalista, criando miscigenações culturais, as quais fizeram surgir novas interpretações messiânicas, e estas tornando cada vez mais o cristianismo uma religião distinta do judaísmo. E ao acompanharmos a evolução delas, fica evidente que cada uma seguiu caminhos diferentes comprovando esta Segunda Divisão, que é: a Divisão dos Judeus Cristãos defensores de que Jesus era o Messias, porém a tradição e costumes judaicos tinham que ser preservados e seguidos; e dos Gentios Cristãos, os quais veremos que produziram, por meio do sincretismo religioso cultural, ramificações de visões messiânicas variadas, muito contrastantes da visão judaica!

3ª DIVISÃO

JESUS CRISTO É DEUS?

3.1 Cristo: visão judaica x visão gentílica

Como explicado no primeiro capítulo, a visão judaica majoritária sobre o Mashiah/Cristo, na época de Jesus, é de um representante de Deus enviado para estabelecer um reino terreno de Governo Teocrático, suprindo todas as perspectivas messiânicas sincretizadas mediante o desenvolvimento da cultura hebraica.

Dentro da cultura hebraica, vimos várias concepções sobre o Mashiah/Cristo como exemplo: os Patriarcas, Sumo Sacerdote, Monarca de Israel e até um forasteiro Salvador/Libertador (Ciro). Contudo, podem até surgir mais interpretações judaicas sobre o Mashiah/Cristo, porém, segundo a tradição e lei judaica, a única certeza é de que o Mashiah/Cristo não é um Deus! Até porque os judeus são monoteístas (só tem um Deus), como bem relatado em vários textos do Primeiro Testamento, como, por exemplo, em **Êxodo capítulo 20, versículos 1-4:**

> "Então, falou Deus todas estas palavras:
>
> Eu sou o Senhor, teu Deus, que te tirei da terra do Egito, da casa da servidão.
>
> Não terás outros deuses diante de mim.
>
> Não farás para ti imagem de escultura, nem semelhança alguma do que há em cima nos céus, nem embaixo na terra, nem nas águas debaixo da terra."

E em **Deuteronômio capítulo 4, versículo 33-35** está escrito:

"ou se algum povo ouviu falar a voz de algum deus do meio do fogo, como tu a ouviste, ficando vivo;

ou se um deus intentou ir tomar para si um povo do meio de outro povo, com provas, e com sinais, e com milagres, e com peleja, e com mão poderosa, e com braço estendido, e com grandes espantos, segundo tudo quanto o Senhor, vosso Deus, vos fez no Egito, aos vossos olhos.

A ti te foi mostrado para que soubesses que o Senhor é Deus; nenhum outro há, senão ele."

Também temos em **Deuteronômio capítulo 6, versículos 4-9** uma oração base do judaísmo até os dias atuais, denominada "Shemá Israel", em hebraico (Ouve Israel, em português).

"Ouve, Israel, o Senhor, nosso Deus, é o único Senhor.

Amarás, pois, o Senhor, teu Deus, de todo o teu coração, de toda a tua alma e de toda a tua força.

Estas palavras que, hoje, te ordeno estarão no teu coração;

tu as inculcarás a teus filhos, e delas falarás assentado em tua casa, e andando pelo caminho, e ao deitar-te, e ao levantar-te.

Também as atarás como sinal na tua mão, e te serão por frontal entre os olhos.

E as escreverás nos umbrais de tua casa e nas tuas portas."

E em **Isaías capítulo 45, versículos 5 e 6**, temos:

"Eu sou o Senhor, e não há outro; além de mim não há Deus; eu te cingirei, ainda que não me conheces.

Para que se saiba, até à nascente do sol e até ao poente, que além de mim não há outro; eu sou o Senhor, e não há outro."

E neste mesmo **capítulo de Isaías** vemos no **versículo 14** a reafirmação monoteísta:

> "Assim diz o Senhor: A riqueza do Egito, e as mercadorias da Etiópia, e os sabeus, homens de grande estatura, passarão ao teu poder e serão teus; seguir-te-ão, irão em grilhões, diante de ti se prostrarão e te farão as suas súplicas, dizendo: Só contigo está Deus, e não há outro que seja Deus."

Após essas afirmações monoteístas das escrituras judaicas, faremos uma análise sobre Jesus ser representante terreno de Deus, sendo essa função compatível com uma atribuição dada ao Messias nas escrituras.

O próprio evangelho esclarece a representatividade divina de Jesus, pois em João capítulo 10:30-38 vemos o seguinte relato:

> "Eu e o Pai somos um.
>
> Novamente, pegaram os judeus em pedras para lhe atirar.
>
> Disse-lhes Jesus: Tenho-vos mostrado muitas obras boas da parte do Pai; por qual delas me apedrejais?
>
> Responderam-lhe os judeus: Não é por obra boa que te apedrejamos, e sim por causa da blasfêmia, pois, sendo tu homem, te fazes Deus a ti mesmo.
>
> Replicou-lhes Jesus: Não está escrito na vossa lei: Eu disse: sois deuses?
>
> Se ele chamou deuses àqueles a quem foi dirigida a palavra de Deus, e a Escritura não pode falhar,
>
> então, daquele a quem o Pai santificou e enviou ao mundo, dizeis: Tu blasfemas; porque declarei: sou Filho de Deus?
>
> Se não faço as obras de meu Pai, não me acrediteis;

> mas, se faço, e não me credes, crede nas obras; para que possais saber e compreender que o Pai está em mim, e eu estou no Pai."

Com certeza Jesus, ao replicar, cita o Salmos capítulo 82, versículo 6:

> "Eu disse: sois deuses, sois todos filhos do Altíssimo."

Contudo, o versículo 7 deixa clara a diferença entre o homem e Deus.

> Salmos capítulo 82, versículo 7: "Todavia, como homens, morrereis e, como qualquer dos príncipes, haveis de sucumbir."

E podemos também comparar a representação divina de Jesus, com a de Moisés, como relatado no livro de Êxodo capítulo 7, versículo 1:

> "Então disse o Senhor a Moisés: Eis que te tenho posto por Deus sobre Faraó, e Aarão, teu irmão, será o teu profeta."

Após essas observações, fica nítido que na cultura judaica temos homens como representantes de Deus, porém não se tinha nenhuma perspectiva de o Messias ser uma divindade, principalmente ser literalmente o próprio Deus. Então de onde surge essa ideia?

Como adiantado no capítulo anterior, o sincretismo religioso dos gentios produziu ramificações de visões messiânicas diversas, e uma delas foi a da divindade de Jesus. Para um gentio, principalmente um grego, o relato de um filho de Deus com uma mortal não era novidade, pois estes tinham vários semideuses, e dentro da cultura grega também existiu um semideus com nascimento virginal (Perseu), e outro que cumpriu suas missões na terra e foi para o Olimpo ficar com seu Zeus Pai, se tornando assim um Deus grego (Héracles), e temos também, na cultura romana, o governante Deificado após a sua morte, Caio Júlio César (Gaius Iulius Caesar), e Caio Júlio César Otavio Augusto (Gaius Iulius Caesar Octavianus Augustus), o qual se designava como Imperador César, filho do Divino (Imperator

Caesar divi filius). Além desses, temos diversos outros relatos nas culturas gentílicas que podem ter influenciado a linha de pensamento onde Jesus poderia se enquadrar naturalmente como um semideus ou um humano Deus. E essa mistura que transforma o Messias em um homem-Deus ou um Deus-homem, confundiu os seguidores dos movimentos cristãos, criando uma variedade de interpretações messiânicas como veremos a seguir.

3.1.1 Novos entendimentos messiânicos

Dentre as variações de visões cristãs, vamos citar algumas, começando com o Marcionismo, movimento fundado por **Marcião de Sinop** (85 d.C.-160 d.C.).

Marcionismo

O **Marcionismo** tinha uma visão cristã docetista. O termo "docetismo" vem da palavra grega "dokein", que significa "aparentar" ou "parecer". Com essa visão, ele acreditava que Jesus, por ser filho de Deus, não tinha um corpo material, e sim um espectro, e que a crucificação foi apenas uma encenação de sua morte, pois Jesus é imortal. Ele acreditava que o Deus que Jesus servia havia enviado o Cristo para salvar a humanidade do Deus do Primeiro Testamento, pois para ele existem dois deuses diferentes, o Deus do Primeiro Testamento, que era um Deus vingativo e mau, e o Deus do Novo Testamento, que era um Deus de amor e perdão. Marcião rejeitou o Primeiro Testamento e ensinou que apenas os textos que ele separou para constituir um Novo Testamento deviam ser a base da doutrina cristã, pois ele considerava que estes eram realmente inspirados, os quais coincidentemente condiziam com suas doutrinas. Ele também rejeitou muitos dos ensinamentos dos primeiros líderes do cristianismo, alegando que as interpretações destes eram equivocadas. Contudo, tanto seu sugerido cânon como toda sua doutrina foram considerados uma heresia pela igreja cristã primitiva e seu movimento foi condenado em vários concílios ecumênicos, incluindo o

Concílio de Niceia, em 325 d.C. No entanto, o Marcionismo teve uma influência significativa no desenvolvimento do cristianismo primitivo, ajudando a moldar o cânone bíblico e influenciando outras seitas cristãs que surgiram posteriormente.

Gnosticismo cristão

O nome "gnosticismo" tem sua origem no termo grego "gnosis", que significa "conhecimento". Eles afirmavam que a salvação vem do conhecimento ("gnosis") do verdadeiro Deus. este movimento buscava por uma vivência mística pessoal alcançar o conhecimento divino. Os gnósticos tinham uma visão dualista, que separava o mundo espiritual do mundo físico e concreto, eles acreditavam que cada ser humano possui uma centelha divina em seu interior, a qual deve ser despertada para a salvação. Os gnósticos acreditavam que o mundo material é imperfeito e foi criado por um ser inferior, o Demiurgo, o qual é incapaz de conhecer o verdadeiro Deus. Como a visão gnóstica enfatiza a importância do conhecimento espiritual e da busca interior, Cristo para eles é um ser espiritual que veio à Terra para trazer conhecimento e iluminação aos seres humanos. Então Jesus é visto como um ser divino que habita em todos os seres humanos, e que pode ser acessado por meio da busca interior e da gnose (conhecimento espiritual). Alguns grupos gnósticos também acreditavam que Cristo não possuía um corpo físico, mas sim um corpo espiritual. Embora o gnosticismo tenha sido uma corrente religiosa bastante influente na época, ele também foi considerado herético pela igreja primitiva e outros grupos cristãos, e foi perseguido e suprimido ao longo dos séculos.

Modalismo

O **Modalismo** é uma visão teológica criada por **Sabélio** (?d.C.-215 d.C.). Este afirma que existe somente um Deus, mas que Ele se manifesta em três modos distintos, diferente da visão de três pessoas distintas, como se tem na doutrina da Trindade Romana. Essa visão é também conhecida como monoteísmo modalista, sabelianismo ou patripassianismo. De acordo com o modalismo, o Pai, o Filho e o Espírito Santo são apenas manifestações ou modos diferentes de Deus, e não três pessoas distintas. Em outras palavras, Deus é visto como uma única pessoa que assume diferentes formas para interagir com o mundo de diferentes maneiras. Essa visão foi considerada herética pela Igreja Católica e outras denominações cristãs, já que nega a existência de três pessoas distintas na interação entre elas como na doutrina da Trindade.

Arianismo

O **arianismo** é uma doutrina criada por Ário (256 d.C.-336 d.C.), nascido na Cirenaica, que ficaria atualmente no leste da Líbia. Também conhecido como Ário de Alexandria ou Ário de Mênfis, foi um teólogo cristão que ocupou cargo de diácono e de presbítero em Alexandria. ficou conhecido principalmente pela sua doutrina que negava a visão da uniessência entre Jesus e Deus (a qual deu base para a teologia da trindade). Ário afirmava que Cristo era uma criação divina, um filho de Deus, mas não igual em substância ao Deus Pai. Este fundador do arianismo teve uma grande influência sobre a Igreja Cristã primitiva e sua doutrina ocasionou um conflito teológico complexo e acalorado que durou décadas, provocando um impacto duradouro na cristandade. As ideias de Ário foram eventualmente condenadas como heréticas no Concílio de Niceia em 325 d.C., presidido pelo Imperador Romano Constantino. Com isso, a visão da "uniessência", a qual afirmava que Jesus Cristo era da mesma substância de Deus (uma mesma essência), defendida pelos bispos ortodoxos, liderados pelo bispo Atanásio, se estabeleceu como a doutrina oficial do cristianismo. Então foi decretado que Jesus era Deus, assim como seu Deus Pai!

3.1.2 De assassino de Cristo a validador divino

Como citado anteriormente, foi o Imperador Romano Constantino quem presidiu o Concílio de Niceia, o encontro de bispos da Igreja Católica Romana que ocorreu em 325 d.C., na cidade de Niceia, localizada atualmente no território da Turquia. Constantino convocou o concílio, para resolver as disputas doutrinárias dentro da Igreja, principalmente a controvérsia a respeito da divindade de Jesus Cristo. O principal objetivo do Concílio de Niceia foi a elaboração de uma declaração de fé, conhecida como o Credo Niceno, que afirmava a crença em um Deus único e em Jesus Cristo como seu filho unigênito e divino, baseado na uniessência divina (o Filho sendo da mesma substância do Pai). O concílio também estabeleceu a data da Páscoa e promoveu a unificação da Igreja sob uma doutrina comum.

Vejamos como ficou o credo Niceno:

> "Cremos em um só Deus, Pai todo-poderoso, criador de todas as coisas visíveis e invisíveis.
>
> E em um só Senhor Jesus Cristo, o Filho de Deus, gerado unigênito do Pai, isto é, da substância do Pai;
>
> Deus de Deus, luz de luz, Deus verdadeiro de Deus verdadeiro, gerado, não feito, consubstancial ao Pai;
>
> por quem foram feitas todas as coisas que estão no céu ou na terra.
>
> O qual por nós homens e para nossa salvação, desceu, se encarnou e se fez homem.
>
> Padeceu e ressuscitou ao terceiro dia e subiu aos céus
>
> Ele virá para julgar os vivos e os mortos.
>
> E no Espírito Santo."

E quem quer que diga que houve um tempo em que o Filho de Deus não existia, ou que antes que fosse gerado ele não existia, ou que ele foi criado daquilo que não existia, ou que ele é de uma substância ou essência diferente (do Pai), ou que ele é uma criatura, ou sujeito à mudança ou transformação, todos os que falem assim são anatematizados pela Igreja Católica.

Ao vermos o cristianismo se estabelecer pela validação do Império Romano, o qual toma a frente para definir a deidade de Jesus, e se autodeclarar divulgador e representante deste novo cristianismo, não podemos deixar de notar uma coincidência muito grande entre Paulo de Tarso e a igreja Romana. E talvez seja por isso que encontramos tantos textos de Paulo no Novo Testamento, pois não há como não ver semelhança na trajetória dele e da Igreja Romana!

Lembrando que nas escrituras do Novo Testamento temos o relato de que Paulo tinha cidadania romana, uma personificação nítida de uma junção miscigenada de um judeu cristão romanizado. Porém, o que mais chama a atenção é que, assim como Paulo, Roma também perseguia e levava os cristãos à morte, inclusive Jesus morreu pelas mãos romanas, e ela também se converte ao cristianismo e, assim como Paulo, se torna a grande propagadora do cristianismo do Filho de Deus – no caso de Roma, a validação e divulgação do Deus Filho!

E, para mim, a decretação de que Jesus é o próprio Deus se torna a **Terceira Divisão**, a qual, na minha opinião, não é apenas uma divisão cristã, mas é uma separação de todas as religiões abraâmicas. Isso porque, para um judeu ou um islâmico, o cristianismo se tornou uma religião idólatra, ou no mínimo politeísta, a partir da unificação de dois a três deuses em um, o que inviabiliza uma das perspectivas principais messiânicas, que é a união das tribos. Um judeu pode até concordar que Jesus foi um Grande Rabi e um islâmico pode concordar que Jesus foi um grande profeta, contudo a doutrina gentílica adaptativa da uniessência ou da trindade nunca será aceita por estes, já que uma religião monoteísta só permite a existência de um só Deus, assim como está escrito nas escrituras que eles usam como mandamentos divinos.

Por exemplo, temos no mais importante livro dos judeus, a Torá, em Êxodo capítulo 20, versículos do 1 ao 3, a afirmação monoteísta:

"Então, falou Deus todas estas palavras:

Eu sou o Senhor, teu Deus, que te tirei da terra do Egito, da casa da servidão.

Não terás outros deuses diante de mim".

E no alcorão, livro sagrado dos islâmicos, temos na **112ª SURATA:1-4**:

"Dize: "Ele é Allah, (Deus), o Único!

Allah (Deus)! O Absoluto!

Jamais gerou ou foi gerado!

E ninguém é comparável a Ele!"

Hoje, após alguns anos de resistência devocional ao apego da doutrina de tampar o Sol com peneira, onde mostra uma visão distorcida da linha de pensamento, "filho de peixe peixinho é!". E depois de compreender as consequências teológicas negativas que a unificação deísta trouxe para o cristianismo, concluo que fica nítido que a deificação de Jesus resultou em uma problemática enorme para os cristãos, pois a ideia de homogeneização divina faz muita confusão para o entendimento lógico de um cristão, o qual necessita usar de uma fé irracional (acreditar no inexplicável) para aceitar este conflito teológico de 1+1 = 1, que também é 1+1+1 = 1, sendo 1 = 3, ou 3 = 1 + 2, que é = 1.

Ao invés de perceber o simples sincretismo cultural religioso, no qual se junta o monoteísmo judaico, com uma figura do semideus grego, mais a personificação do homem Deus romano, é tido como resultado um politeísmo unificado.

E para mim a pior consequência desta unificação politeísta é que muitas vezes alguns cristãos se focam apenas em Jesus, e consequentemente esquecem do Deus Pai. E como é bem relatado nas escrituras sobre Jesus, ele veio para fazer a vontade do Deus Pai e não tomar o lugar Dele!

4ª DIVISÃO

PATERNIDADE INSTITUCIONAL

(Pais da Igreja)

4.1 "A ninguém sobre a terra chameis vosso pai; porque só um é vosso Pai, aquele que está nos céus"

Para mim a **Quarta Divisão** é quando o **Cristianismo Original**, o qual tem Jesus Cristo como único líder, e Deus como único Pai, onde se prega uma doutrina missionaria por meio do "ide e levai a Boa Nova a toda criatura", se transforma em um **Cristianismo Institucional**, o qual tem sua gestação por conta de uma necessidade de personificação do Cristo, suprida na imagem discipular e em comunidades centralizadas, que, com o tempo e inclusão dos gentios, vão se ramificando em linhas de pensamento variadas, por meio das diversas interpretações teológicas, tendo até a ideia anticristã de uma paternidade institucional humana, a qual veremos que não é mandamento ensinado por Jesus, como bem relatado em **Mateus capítulo 23, versículos 8-11**:

> "Vós, porém, não sereis chamados mestres, porque um só é vosso Mestre, e vós todos sois irmãos.
>
> A ninguém sobre a terra chameis vosso **Pai**; porque só um é vosso **Pai**, aquele que está nos céus.
>
> Nem sereis chamados guias, porque um só é vosso Guia, o Cristo.
>
> Mas o maior dentre vós será vosso servo."

E temos em **João 14:6**, onde Jesus consolida sua exclusiva liderança. Respondeu Jesus: "Eu sou o caminho, a verdade e a vida. Ninguém vem ao Pai, a não ser por mim".

E reafirma a igualdade entre os seguidores de Jesus em **Mateus capítulo 20, versículos 25-28**:

"Então, Jesus, chamando-os, disse: Sabeis que os governadores dos povos os dominam e que os maiorais exercem autoridade sobre eles.

Não é assim entre vós; pelo contrário, quem quiser tornar-se grande entre vós, será esse o que vos sirva; e quem quiser ser o primeiro entre vós será vosso servo;

tal como o Filho do Homem, que não veio para ser servido, mas para servir e dar a sua vida em resgate por muitos."

Porém contrariando a ordenança de Jesus, surgiram vários guias e pais, com disposição para adotarem os filhos de Deus! A expressão latina "Patres Ecclesiae", Pais da Igreja em português, começou a ser utilizada entre o século III e IV por Agostinho de Hipona, um dos Pais da Igreja mais influentes. Ele usava o termo para se referir aos líderes da Igreja Cristã primitiva que viveram nos primeiros séculos após a era apostólica.

Contudo, antes da formalização desse termo por Agostinho, já existia a noção de autoridade e influência desses primeiros líderes cristãos, sendo seus ensinamentos e escrituras altamente valorizados e considerados primordiais para o desenvolvimento dogmático e a construção e sustentação de um cristianismo institucional.

Ao longo dos séculos, a lista dos Pais da Igreja foi se consolidando e ampliando, incluindo diversos autores e líderes religiosos. Essa lista geralmente inclui pessoas e textos que foram reconhecidos como ortodoxos por parte da comunidade cristã gentílica, considerados grandes contribuintes para a teologia e costumes da igreja primitiva.

Iremos agora dissertar resumidamente sobre a vida dos denominados Pais da Igreja e suas linhas de pensamento, e assim veremos como suas visões interpretativas criaram e desenvolveram o cristianismo institucional. E para simplificar iremos dividir os Pais da Igreja em duas classes, os **Pais Apostólicos** e os **Pais Apologistas**.

Os **Pais Apostólicos** são um grupo de escritores cristãos que viveram nos primeiros séculos após a era apostólica, aproximadamente do final do século I ao início do século II. Eles são chamados de "**Apostólicos**" porque muitos deles tiveram algum tipo de conexão com os **Apóstolos** ou com a geração deles.

São considerados **Pais Apostólicos**:

- **Clemente de Roma (35 d.C.- 97 d.C.)**

- **Inácio de Antioquia (35 d.C.- 110 d.C.)**

- **O Didaquê**

- **Policarpo de Esmirna (69 d.C.-155 d.C.)**

- **Epistola de Barnabé**

- **O Pastor de Hermas**

4.1.1 Pais Apostólicos

Clemente de Roma: Também conhecido como Clemente Romano, é considerado um dos primeiros Pais Apostólicos e um dos primeiros sucessores do apóstolo Pedro como terceiro bispo de Roma no final do século I e início do século II.

Embora haja certa incerteza sobre os detalhes de sua vida, Clemente de Roma é conhecido principalmente por sua epístola, conhecida como "Primeira Epístola de Clemente". Essa epístola, escrita em grego, é um dos mais antigos escritos feitos por um líder cristão após os escritos do Novo Testamento.

A "Primeira Epístola de Clemente" foi escrita para a igreja em Corinto, que estava passando por conflitos internos e externos. Clemente tinha uma linha de pensamento semelhante à de Paulo, tendo um estilo literário bem parecido com o do "Apóstolo dos Gentios". Clemente escreveu com autoridade e exortou os coríntios a manterem a ordem, a união e a submissão às autoridades eclesiásticas escolhidas. Ele enfatizou a importância da humildade, da obediência e da busca pela paz e concordância dentro da comunidade cristã.

A epístola de Clemente exalta em muito as questões de liderança eclesiástica, fazendo referência à sucessão apostólica e à autoridade dos bispos como guardiões da tradição apostólica. Ele argumenta que a ordem e a autoridade na Igreja devem ser respeitadas e seguidas, e que a divisão e o desrespeito às autoridades da Igreja são enfermidades para a comunidade cristã.

Embora Clemente de Roma não seja tão conhecido quanto outros Pais da Igreja, sua epístola é valorizada como um importante documento que fornece um vislumbre da vida da igreja primitiva e dos desafios enfrentados pelos primeiros cristãos. Sua ênfase na importância da ordem, da unidade e da autoridade eclesiástica teve impacto na história do cristianismo primitivo e na organização da Igreja como instituição.

Inácio de Antioquia: Foi um líder cristão importante do século I. Ele foi o segundo Bispo de Antioquia, na Síria, e desempenhou um papel significativo na consolidação da autoridade episcopal e na defesa da ortodoxia cristã primitiva.

Inácio é conhecido principalmente por suas sete epístolas, escritas durante sua viagem para Roma, onde foi condenado à morte pelo imperador Trajano e martirizado, ficando conhecido como Inácio Mártir. Essas epístolas são dirigidas a várias comunidades cristãs e a indivíduos específicos, como Policarpo de Esmirna, e as igrejas de Éfeso, Magnésia, Trália, Filadélfia, Esmirna e Roma.

As epístolas de Inácio fornecem uma linha de pensamento do cristianismo primitivo, demonstrando sua fé na unidade da Igreja e na submissão às autoridades eclesiásticas. Ele argumentou fortemente a favor da autoridade da Igreja, defendendo a autoridade dos bispos como sucessores dos apóstolos e representantes de Deus na Igreja:

"Nada façam sem o Bispo e considerem-no como o próprio Senhor, pois, o bispo não é nada menos que o representante de Deus na congregação" (OLSON *apud* SANTOS; OLIVEIRA; SOUZA, 2001, p. 45).

Além disso, Inácio enfatiza a centralidade de Cristo e a necessidade de resistir às heresias emergentes, como o docetismo, que negava a humanidade de Jesus. Ele exorta os cristãos a permanecerem firmes e se unirem em amor e rejeitarem qualquer forma de divisão ou dissensão.

As epístolas de Inácio também demonstram sua prontidão para enfrentar o martírio como testemunho de sua fé em Cristo. Ele expressa seu desejo de ser "trigo de Deus" moído pelos dentes das feras, a fim de alcançar a plena união com Cristo.

"Rogo vos: não tenhais para comigo uma benevolência inoportuna! Deixe-me ser pastos das feras, pelas quais chegarei a Deus. Sou o trigo de Deus moído pelos dentes das feras para tornar-me pão puro de Cristo" (GOMES, 1979 *apud* SANTOS; OLIVEIRA; SOUZA, 2001, p. 38).

Embora a vida e os ensinamentos de Inácio de Antioquia sejam conhecidos principalmente por suas epístolas, o seu legado como líder e mártir cristão teve um impacto duradouro na Igreja institucional. Ele é considerado uma figura importante na história do cristianismo, testemunha da fé e da devoção dos primeiros seguidores de Jesus em um período de difícil transição e desenvolvimento da igreja primitiva.

O Didaquê ou Didache: O termo vem do grego, significando "ensino" ou "instrução", sendo também conhecido como "O Ensino dos Doze Apóstolos". É um antigo documento cristão que provavelmente foi escrito no final do primeiro século. E é considerado um dos primeiros manuais de instrução das práticas para a vida cotidiana e conduta ética para os novos convertidos ao cristianismo.

O Didaquê é composto por dezesseis capítulos e abrange diversos aspectos da fé e da prática cristã. O documento está dividido em três partes principais, onde, inicialmente, no **capítulo 1-6**, ele trata da diferença entre os "Dois Caminhos", o caminho do bem e o caminho do mal, exortando os seguidores de Cristo a escolherem o caminho da vida.

Em seguida, do **capítulo 7-15,** temos um manual eclesiástico, o qual fornece orientações sobre questões éticas e morais sobre a conduta cristã, abrangendo comida, batismo, jejum, oração e celebração da Ceia do Senhor, a organização da igreja e a administração de sacramentos. Além de práticas do cotidiano, como a hospitalidade cristã, a partilha de recursos e a importância de evitar o engano e as heresias, instruindo os cristãos a discernir se um profeta é verdadeiro ou falso.

E por último temos, no **capítulo 16,** a instrução para os cristãos se prepararem para o fim dos tempos!

O Didaquê foi amplamente utilizado nas primeiras comunidades cristãs, mas acabou sendo superado pelos ensinamentos dos Evangelhos e pelos escritos do Novo Testamento. Porém, ele ainda é considerado uma importante fonte de informação sobre as práticas e crenças do cristianismo primitivo e o início do institucionalismo deste.

Policarpo de Esmirna: Policarpo nasceu por volta do ano 69 d.C. e, segundo Irineu de Lião, foi discípulo do apóstolo João, o Evangelista. Ele se tornou bispo de Esmirna, uma importante cidade na província romana da Ásia Menor (atual Turquia).

No início do século II, autoridades romanas iniciaram perseguições aos cristãos, estas exigiam que todos os cristãos adorassem o Imperador Romano, já que este era considerado um deus; além disso, tentavam obrigar os cristãos a renunciar Cristo! No entanto, muitos cristãos recusavam-se a participar dessas práticas pagãs, e não negavam sua crença, o que resultou em perseguições e martírios.

Policarpo foi um exemplo de coragem e perseverança durante esses tempos difíceis. Ele resistiu a negar sua fé em Jesus Cristo e adorar o Imperador romano, mesmo diante de ameaças de morte. Segundo relatos históricos, quando foi preso pelas autoridades romanas, Policarpo foi levado perante o procônsul e instado a renunciar a sua fé, porém ele respondeu: "Há oitenta e seis anos eu o sirvo, e ele nunca me fez mal. Como posso blasfemar contra meu Rei, que me salvou?" (O MARTÍRIO DE POLICARPO, BISPO DE ESMIRNA, relatado na carta da Igreja de Esmirna à Igreja de Filomélio).

Policarpo foi condenado à morte, para ser queimado vivo na estaca. Porém, a tradição relata que, durante sua execução, ele ficou calmo e orando, demonstrando uma fé inabalável até o fim, que aconteceu por transfixação, já que o fogo não o estava queimando. Seu martírio tornou-se um exemplo de coragem e resistência para os cristãos das gerações posteriores.

Embora a maior parte dos escritos de Policarpo tenha se perdido ao longo dos séculos, uma de suas obras sobreviveu até os dias de hoje: uma carta conhecida como "Epístola de Policarpo aos Filipenses". Nela, ele exorta os cristãos a viverem de acordo com os ensinamentos de Jesus Cristo, a se submeterem à vontade de Deus e permanecerem fiéis em meio à devoção.

Epístola de Barnabé: É um texto cristão antigo, atribuído tradicionalmente ao apóstolo Barnabé, companheiro de Paulo de Tarso. No entanto, a autoria real é desconhecida e é provável que tenha sido escrita por um autor cristão anônimo, no início do segundo século.

O texto consiste em uma carta dirigida aos cristãos da época, apresentando uma série de exortações, ensinamentos e pensamentos teológicos. Na Epístola de Barnabé percebe-se a influência da filosofia grega na hermenêutica da época e o uso alegórico do primeiro testamento, com uma ênfase na oposição interpretativa do judaísmo e o cristianismo com relação às escrituras judaicas. O autor argumenta que o Antigo Testamento contém profecias e símbolos que apontam para Jesus Cristo como o Messias, enquanto critica os judeus por sua falta de compreensão dessas revelações divinas. Ele também enfatiza a superioridade da fé cristã em relação à observância ritualística da Lei Mosaica, tentando demonstrar que os cristãos substituíram os hebreus como povo de Deus.

Além disso, a Epístola de Barnabé oferece ensinamentos morais e práticos para os cristãos da época. O autor exorta os leitores a abandonarem os prazeres mundanos, a se dedicarem à prática da justiça e cultivarem a virtude da paciência diante das adversidades. Também são considerados temas como a importância da circuncisão do coração, o papel do batismo e a necessidade de se separar do mundo corrupto.

Embora a Epístola de Barnabé não faça parte do cânon bíblico e seja considerada um texto apócrifo, ela oferece um vislumbre valioso sobre o pensamento e a teologia cristã nos primórdios do movimento cristão. O texto tem sido estudado e apreciado pelos estudiosos do cristianismo primitivo como uma fonte de informações sobre as crenças e práticas dos primeiros cristãos.

O Pastor de Hermas: É um texto cristão antigo, composto no início do segundo século d.C. pelo autor Hermas, um personagem que se autodenomina "escravo de Deus". O texto é uma coleção de visões, parábolas e exortações, que apresenta uma mensagem de penitência, arrependimento e perdão.

O livro é dividido em três partes: Visões, Mandamentos e Comparações. Na primeira parte, Hermas narra uma série de visões que teve sobre o pecado, o julgamento, o papel da Igreja e a importância da penitência. Na segunda parte, são apresentados doze mandamentos que orientam os cristãos a viverem uma vida justa e santa. E, na terceira parte, são contadas parábolas que ilustram a importância da virtude, do arrependimento e do perdão.

E esta é uma característica interessante desta terceira parte da escritura, pois a ideia do arrependimento e da possibilidade de restauração espiritual, mesmo após a queda em pecado, retrata a misericórdia de Deus como infinita e oferece uma mensagem de esperança e alegria para aqueles que se afastaram do caminho certo.

O Pastor de Hermas oferece uma visão da comunidade cristã primitiva e da sua ética moral. O autor enfatiza a necessidade de penitência e arrependimento para a salvação, e a importância da comunidade cristã como um lugar de ajuda e apoio mútuo. Ele também faz uma crítica ao mundanismo e à riqueza, e exorta os cristãos a viverem uma vida simples e dedicada ao serviço de Deus.

O texto foi muito popular nos primeiros séculos do cristianismo, sendo considerado por muitos como uma escritura sagrada e usada para instrução e exortação na vida da igreja. Embora não tenha sido incluído no cânon bíblico, o Pastor de Hermas teve grande influência na tradição cristã primitiva, e é considerado uma fonte importante para o estudo do pensamento e da ética cristã nos primeiros séculos da era cristã.

4.1.2 Os Pais Apologistas

Foram uma série de escritores cristãos, a partir do século II d.C., que se dedicaram a defender e explicar a fé cristã diante dos desafios e objeções dos não cristãos. Eles eram chamados de apologistas porque sua principal preocupação era justificar a crença cristã contra os ataques e críticas que recebia da cultura e da filosofia greco-romanas.

São considerados **Pais Apologistas:**

- **Justino mártir**
- **Atenágoras de Atenas**
- **Teófilo de Antioquia**
- **Irineu de Lião**
- **Clemente de Alexandria**
- **Orígenes**
- **Tertuliano**
- **Cipriano**

- Atanásio

- Basílio de Cesareia

- Gregório de Nazianzo

- Gregório de Nissa

- João Crisóstomo

- Jerônimo

- Agostinho

Justino mártir: Foi um dos primeiros e mais importantes filósofos e teólogos cristãos do século II. Ele nasceu por volta do ano 100 d.C. em Flávia Neápolis, uma cidade da Samaria, que fica na região atualmente conhecida como Palestina. Justino recebeu uma educação filosófica e estudou diversas correntes filosóficas da época, incluindo o estoicismo, o pitagorismo e o platonismo.

A busca pela verdade levou Justino a explorar várias religiões e filosofias antes de se converter ao cristianismo. Ele afirmou ter tido uma experiência transformada ao encontrar um ancião cristão que o apresentou aos ensinamentos de Jesus Cristo. A partir desse momento, Justino dedicou sua vida ao estudo e à defesa do cristianismo.

Justino escreveu várias obras, sendo as mais conhecidas os *Diálogos com Trifão*, onde relata várias discussões entre Justino e um judeu chamado Trifão, abordando questões teológicas e messiânicas; e *Apologia*, onde Justino faz uma defesa do cristianismo contra a manifestação de imoralidade e ateísmo feito pelos romanos.

Justino também foi pioneiro na tentativa de conciliar o cristianismo com a filosofia grega. Ele argumentava que a filosofia era uma preparação para o evangelho, e que a verdade presente nos filósofos gregos era uma revelação parcial de Deus. Essa abordagem influenciou muito o pensamento cristão posterior, especialmente na corrente conhecida como patrística.

Além de seus escritos, Justino foi conhecido por sua coragem e firmeza na defesa do cristianismo. Ele sofreu perseguições e teve seu martírio por causa de sua fé, sendo executado em Roma no ano de 165 d.C. Justino Mártir é considerado um dos primeiros apologistas cristãos e um dos pilares do pensamento cristão primitivo. Sua influência se estende até os dias de hoje, e ele é venerado como santo pela Igreja Católica e pelas Igrejas Ortodoxas.

Atenágoras de Atenas: Foi um filósofo e apologista cristão que viveu no século II. Ele nasceu na cidade de Atenas, berço intelectual grego na época. Pouco se sabe sobre sua vida pessoal, mas suas obras expressam seu compromisso com a defesa e a promoção do cristianismo.

Atenágoras é mais conhecido por sua obra intitulada *Súplica pelos Cristãos*, escrita por volta de 177 d.C., na qual se dirige ao imperador romano Marco Aurélio e seu filho Cômodo, defendendo os cristãos das acusações de Ateísmo, Canibalismo, Bacanais e Incesto.

A *Apologia* de Atenágoras apresenta argumentos racionais e filosóficos em favor do cristianismo. Ele enfatiza a crença em um único Deus, argumentando contra o paganismo e o politeísmo. Também aborda questões morais, refutando a confissão de imoralidade e destacando a ética cristã, a igualdade entre homens e mulheres e a rejeição da violência.

Atenágoras teve um papel importante na tradição da apologética cristã, que buscou fornecer argumentos racionais e filosóficos para defender a fé. Sua obra influenciou outros pensadores cristãos, como Tertuliano e Orígenes. Sua defesa para com a fé cristã contribuiu para a compreensão e disseminação do cristianismo na época em que vivia.

Teófilo de Antioquia: Nasceu em Antioquia, na Síria, e foi convertido ao cristianismo após uma vida dedicada à filosofia e à poesia. Ele foi bispo de Antioquia durante o reinado do imperador romano Marco Aurélio.

Ele é mais conhecido por suas obras escritas, incluindo *Três Livros para Autólico, Para Antólico Sobre a Vontade de Deus, Sobre a Páscoa* e *Ad Autólico*. Todos de ordem apologética, onde aborda uma variedade de temas, incluindo a natureza de Deus e a criação do mundo, a relação entre o Antigo e o Novo Testamento, e a ressurreição dos mortos. Ele também critica as práticas pagãs, como a idolatria e a adoração dos deuses falsos, e busca estabelecer a validade e a verdade do cristianismo.

Teófilo se destacou com o uso de dois conceitos teológicos: "creatio ex nihilo" (a criação do nada), onde Deus criou tudo, do nada!; e "trias" (trindade), o início de uma linha de pensamento que se desenvolveria mais tarde!

Teófilo de Antioquia desempenhou um papel importante na defesa e na promoção do cristianismo em um contexto predominantemente pagão. Suas obras foram influentes na formação do pensamento cristão primitivo e ajudaram a estabelecer uma base teológica sólida para a igreja. Seus escritos também forneceram respostas aos desafios intelectuais e filosóficos enfrentados pelos primeiros cristãos.

O seu legado como teólogo e apologista cristão é significativo. Sua contribuição para a compreensão e a defesa do cristianismo no século II continua sendo valorizada até os dias de hoje.

Irineu de Leão: Foi um importante teólogo cristão do século II. Nascido na cidade de Esmirna, na Ásia Menor, que atualmente faz parte do território da Turquia. Irineu é reconhecido como um dos primeiros Padres Apostólicos e um dos primeiros criadores cristãos a desenvolver uma teologia sistemática.

Irineu foi discípulo de Policarpo, bispo de Esmirna, o qual relatamos antes que havia sido discípulo do apóstolo João. E essa conexão com os primeiros apóstolos dá a Irineu uma autoridade significativa em suas obras, pois ele pode traçar sua linhagem doutrinária diretamente aos apóstolos.

Sua obra mais famosa é *Refutação à falsa Gnose*, também conhecida como *Adversus Haereses* (Contra as Heresias). Nesse tratado, Irineu combateu vigorosamente as heresias e os ensinamentos que estavam surgindo na época, os quais ele considerava falsos, principalmente o gnosticismo. Ele argumenta em favor da unidade da igreja e da autoridade do cânon das Escrituras, rejeitando os ensinamentos gnósticos que negavam a encarnação de Jesus Cristo e a importância do Antigo Testamento.

Irineu também defendeu a doutrina da sucessão apostólica, afirmando que os bispos das igrejas locais deveriam ser capazes de traçar sua linhagem de liderança até os apóstolos, garantindo assim a confiança e a ortodoxia do ensino. Defendeu, ainda, a centralidade na tradição e no testemunho da igreja como critério importante na interpretação das Escrituras.

Além de sua luta contra as heresias, Irineu também contribuiu para a definição e estabelecimento do cânon do Novo Testamento. Ele menciona a maioria dos livros do Novo Testamento em suas obras e defende sua autoridade como Escritura inspirada.

Irineu se tornou bispo de Leão, na Gália (atual França), onde continuou a combater as heresias e promover a ortodoxia cristã até sua morte, por volta do ano 202 d.C. Seu legado é marcado pela defesa da fé ortodoxa, pela luta contra o gnosticismo e pela ênfase na autoridade das Escrituras e da tradição apostólica. Suas obras são valiosas para a compreensão do pensamento cristão primitivo e de sua resposta aos desafios teológicos de seu tempo.

Clemente de Alexandria: Também conhecido como Clemente Alexandrino, foi um teólogo cristão do século II. Ele nasceu por volta do ano 150 d.C. em Atenas, Grécia, e foi um dos principais representantes da escola teológica de Alexandria.

Clemente recebeu uma educação filosófica e literária ampla, estudando com mestres renomados em Atenas, tendo como mentor Panteno, ele viajou extensivamente pela região do Mediterrâneo. Após se converter ao cristianismo, tornou-se um dos líderes da Escola de Alexandria, um importante centro de estudos teológicos e filosóficos.

Sua obra mais conhecida é intitulada *Stromata* (ou *Tapetes*), um tratado teológico em forma de mosaico de temas e reflexões. Nessa obra, Clemente busca apresentar uma visão cristã abrangente, que integra elementos da filosofia grega, particularmente do estoicismo, do platonismo e do pitagorismo, com a fé cristã.

Clemente valorizava a educação e via uma filosofia grega como um meio de preparar os cristãos para uma compreensão mais profunda de sua fé. Ele enfatizava a importância do conhecimento como uma forma de alcançar a maturidade espiritual e defender a ideia de que os cristãos devem ser instruídos tanto nas Escrituras como nas artes e nas ciências seculares.

Clemente também argumentava a favor da harmonia entre a fé cristã e a cultura grega, rejeitando tanto o legalismo estreito quanto o sincretismo excessivo. Ele procurava demonstrar que a verdade presente nas filosofias pagãs era uma preparação para o Evangelho e que os princípios filosóficos poderiam ser subordinados e purificados pela revelação cristã.

Além de *Stromata*, Clemente escreveu outras obras, como *O Pedagogo* e *O Protréptico*. Esses escritos abordam temas como a ética cristã, a educação moral, a vida ascética e a importância da contemplação espiritual.

Clemente de Alexandria exerceu uma influência significativa no desenvolvimento do pensamento cristão primitivo. Suas obras refletiram uma tentativa de encontrar um equilíbrio entre a fé cristã e a cultura helênica, e suas ideias abriram caminho para futuros teólogos e pensadores cristãos explorarem a relação entre a revelação divina e a sabedoria humana. Ele faleceu em meados do século III, mas seu legado permanece como um exemplo de diálogo entre a fé cristã e as tradições filosóficas e culturais do mundo antigo.

Orígenes de Alexandria: Ou Orígenes de Cesareia, é considerado um gênio da patrística, foi um teólogo e filósofo cristão do século III que nasceu em Alexandria por volta de 184 d.C. No Egito, foi sucessor de Clemente de Alexandria, quando este necessitou fugir por conta das perseguições sofridas; neste mesmo período, Leônadas, pai de Orígenes, foi martirizado.

Em 234, Origenes se desentende com o bispo Demétrio e se muda para Cesareia, onde funda sua própria escola. Ele é considerado um dos mais importantes teólogos e pensadores da Igreja primitiva. Produziu cerca de 800 tratados e comentários bíblicos, dedicou-se à interpretação bíblica e ao ensino, onde desenvolveu uma teologia sistemática que se centra na relação entre Deus e a humanidade.

Ele utilizou um método alegórico para fazer as interpretações das escrituras, classificando o significado textual em três: o 1) Literal, sendo o corpóreo; o 2) Moral, sendo a alma; o 3) Espiritual, sendo a parte mística.

Entre suas principais contribuições teológicas, encontra-se o conceito da preexistência da alma e a defesa da ideia da salvação universal – é dito, a crença de que todos os seres humanos têm a possibilidade de serem salvos por Deus. Também defendia uma visão da Trindade pela subordinação, a qual se baseia na ideia de que Cristo e o Espírito Santo derivam do Deus Pai.

Embora Orígenes tenha sido altamente valorizado em seu tempo, alguns de seus escritos foram objeto de controvérsia e críticas posteriores. Em particular, algumas de suas ideias foram consideradas heresias pela Igreja, que questionou sua abordagem alegórica da interpretação das Escrituras. No entanto, seu legado como teólogo e pensador influenciou muitos outros líderes cristãos.

Tertuliano: Seu nome completo era Quinto Septímio Florente Tertuliano, foi um influente teólogo e apologista cristão do século II e princípios do III. Nasceu por volta do ano 155 em Cartago, uma antiga cidade romana localizada na atual Tunísia Norte da África, e é considerado um dos primeiros escritores cristãos latinos. Tertuliano recebeu uma educação clássica e provavelmente praticou direito antes de se converter ao cristianismo. Ficou conhecido por seu estilo vigoroso e apaixonado, assim como por sua defesa fervorosa da fé cristã em um contexto cultural e religioso adverso.

Sua obra mais conhecida é *Apologético*, escrita por volta do ano 197, na qual ele defende o cristianismo contra as ameaças e perseguições da sociedade romana. Nesse livro, Tertuliano argumenta pela racionalidade do cristianismo, afirmando que os cristãos são cidadãos leais e não ameaçam o império, ao contrário do que se alegava na época.

Tertuliano também escreveu extensivamente sobre questões teológicas e morais. Ele abordou temas como a natureza de Deus, a trindade, o pecado, a salvação e a moralidade cristã. Seus escritos foram influentes na formação da teologia cristã primitiva e receberam um papel importante no desenvolvimento da doutrina trinitária, onde sustentou a uniessência com três pessoas distintas, Pai, Filho e Espírito Santo, tendo no Pai a Supremacia e a subordinação do filho e Espírito Santo para com Deus.

No entanto, no final de sua vida, Tertuliano se juntou a um grupo cristão mais rigoroso e ascético, conhecido como montanista. Essa seita acreditava em profecias contínuas e uma estrita disciplina moral. Tertuliano desenvolveu visões cada vez mais rigorosas e separatistas em relação à Igreja estabelecida, o que o levou a ser considerado um herege por muitos no futuro.

Apesar disso, o legado de Tertuliano na teologia cristã é inegável. Suas obras influenciaram outros escritores e teólogos subsequentes, e suas contribuições ajudaram a moldar a compreensão e a defesa do cristianismo nos primeiros séculos da era cristã.

Cipriano: Também conhecido como Cipriano de Cartago, foi um influente bispo cristão do terceiro século. Ele nasceu por volta do ano 200 em Cartago, uma cidade importante no norte da África (atualmente localizada na Tunísia).

Antes de sua conversão ao cristianismo, Cipriano era conhecido como um retórico habilidoso e um jurista renomado. Após sua conversão, ele abandonou sua carreira anterior e dedicou-se totalmente à vida cristã.

Por volta de 249 d.C., Cipriano tornou-se bispo de Cartago e desempenhou um papel crucial na liderança da Igreja durante um período de grande perseguição aos cristãos, que resultou em desafios, tanto internos como externos. Contudo, Cipriano buscou manter a unidade da Igreja em meio a conflitos e controvérsias.

Uma dessas controvérsias nas quais Cipriano esteve envolvido foi a questão do tratamento dos cristãos que abandonaram sua fé durante a perseguição. Alguns defendiam a readmissão imediata daqueles cristãos à comunidade, enquanto Cipriano defendeu um período de penitência e reconciliação antes de sua readmissão plena. Essa posição, conhecida como "lapsismo", foi apoiada por Cipriano.

Ele também foi um defensor da autoridade dos bispos e da unidade da Igreja. Acreditava que a Igreja deveria ser governada por um episcopado unido e que a sucessão apostólica era fundamental para a validade dos sacramentos. Cipriano centraliza a institucionalidade cristã no bispo, pois quem não estava com o bispo não estava com a igreja, sua doutrina de salvação era eclesiológica, ao ponto de dizer que "fora da igreja não há salvação". Cipriano defendeu essas ideias em suas obras, como *A Unidade da Igreja* e *A Unidade do Clero*, sendo seu maior legado a organização institucional da Igreja.

Além disso, Cipriano destacou-se por sua ênfase na importância da caridade e da simplicidade de vida. Ele defendeu uma vida cristã marcada pela generosidade, humildade e serviço aos necessitados. Seus ensinamentos e exemplos práticos influenciaram e influenciam muitos cristãos.

Em 258 d.C., Cipriano foi martirizado durante a perseguição do imperador Valeriano. Ele foi decapitado por se recusar a renunciar à sua fé cristã.

Cipriano é amplamente reverenciado como um dos grandes Santos e Pais da Igreja. Sua contribuição para a teologia, sua liderança pastoral e seu testemunho de fé até o martírio o tornaram uma figura importante na história do cristianismo primitivo.

Atanásio: Também conhecido como Atanásio de Alexandria, foi um importante bispo e teólogo cristão do século IV. Ele nasceu por volta de 296 d.C. no Egito e é reconhecido como um dos líderes mais influentes da Igreja primitiva.

Atanásio é conhecido principalmente por sua defesa firme da doutrina da Trindade e por sua luta contra as heresias arianas, que negavam a uniessência de Jesus Cristo. Ele defendeu a crença de que Jesus é da mesma substância do Deus Pai, e desempenhou um papel fundamental no desenvolvimento do Credo de Niceia, que articula a crença na Trindade. Para muitos teólogos e historiadores, ele foi um dos grandes responsáveis por manter a ideia da divindade de Jesus.

Durante seu episcopado em Alexandria, Atanásio provocou muitos conflitos políticos e religiosos. Ele foi exilado várias vezes e sofreu por sua posição firme e por sua recusa em comprometer sua fé. Apesar das adversidades, Atanásio manteve sua aceitação e defendeu a ortodoxia cristã.

Além de seu trabalho teológico, Atanásio também contribuiu para o estabelecimento do cânon bíblico do Novo Testamento, enumerando os livros que são considerados sagrados pelos cristãos.

Sua influência e contribuições para a teologia e a história da Igreja são amplamente reconhecidas. Ele faleceu em 373 d.C., deixando um legado duradouro como um dos maiores defensores da ortodoxia cristã.

Basílio de Cesareia: Também conhecido como Basílio, o Grande, foi um influente teólogo e líder da Igreja no século IV. Ele nasceu por volta de 329 d.C. em Cesareia, na Capadócia (atualmente parte da Turquia), em uma família cristã de classe econômica elevada. Ele é considerado um dos Padres Capadócios, junto com Gregório de Nazianzo e Gregório de Nissa.

Basílio recebeu uma educação sólida e se destacou em seus estudos, viajando para Atenas e Constantinopla para aprimorar seus conhecimentos. Ele desenvolveu uma profunda amizade com Gregório de Nazianzo, outro renomado teólogo da época.

Após retornar à Capadócia, Basílio foi ordenado sacerdote e mais tarde tornou-se bispo de Cesareia. Como bispo, ele se destacou como um líder pastoral zeloso e um defensor da ortodoxia cristã.

Basílio teve um papel importante no desenvolvimento da teologia trinitária e foi um oponente ferrenho das ideias contrárias à uniessência, as quais eram classificadas como heresias, pois negavam que Jesus Cristo era uma unidade com o Deus Pai. Basílio é conhecido como o Teólogo do Espírito Santo, já que foi o primeiro a sistematizar o Espírito Santo na uniessência. Fortalecendo assim a ideia da trindade.

Para explicar a trindade, ele faz uma analogia de Deus com o Sol, sendo Deus o próprio Sol e a Luz (raios solares) sendo Jesus, e o calor o Espírito Santo.

Ele também defendeu a importância da vida monástica e estabeleceu regras que influenciaram muitas comunidades monásticas na Igreja Oriental.

Além de suas contribuições teológicas, Basílio também foi um defensor dos pobres e dos oprimidos. Ele construiu um complexo chamado Basilíada, com hospitais e asilos para cuidar dos necessitados, e exortava os ricos a compartilhar seus recursos com os menos favorecidos.

As obras de Basílio exerceram uma influência duradoura na teologia e na prática da Igreja e suas contribuições foram fundamentais para a formulação das doutrinas cristãs. Basílio de Cesareia é venerado como Santo nas tradições cristãs orientais e ocidentais. Ele faleceu em 379 d.C., deixando um legado significativo como teólogo, líder da Igreja e defensor dos necessitados.

Gregório de Nazianzo: também conhecido como Gregório, o Teólogo, foi um influente teólogo, bispo e poeta cristão do século IV. Nasceu em uma propriedade Rural de Arianzo, próximo a Nazianzo, na Capadócia (atualmente parte da Turquia), por volta de 329 d.C. Gregório é considerado um dos "Pais Capadócios" e uma figura importante na história do cristianismo.

Gregório foi educado em Atenas, onde se tornou amigo próximo de Basílio de Cesareia, e, juntamente com este e Gregório de Nissa, é reconhecido como um dos pilares da teologia capadócia.

Ele foi ordenado sacerdote e, posteriormente, se tornou bispo de Sásima na Capadócia, embora a diocese fosse pequena e de pouca importância. Ele eventualmente renunciou à carga e se retirou para uma vida monástica na sua propriedade em Arianzo, onde se dedicou aos estudos e à escrita.

Sua obra mais conhecida é uma coleção de discursos teológicos chamada *Orationes theologicae* (Discursos Teológicos). Esses discursos abordam uma variedade de temas, incluindo a natureza de Deus, a singularidade de Cristo e o papel do Espírito Santo. Gregório também é conhecido por sua defesa da doutrina da Trindade e sua oposição ao arianismo, uma visão herética que negava a divindade de Cristo.

Além de sua obra teológica, Gregório era um talentoso poeta e orador. Suas habilidades literárias lhe renderam o título de "o Teólogo" e ele é amplamente considerado um dos maiores oradores da igreja primitiva. Seus poemas e hinos são reverenciados até hoje e são considerados parte do patrimônio litúrgico da Igreja.

Gregório de Nazianzo faleceu por volta de 390 d.C., deixando um legado duradouro na teologia cristã. Sua contribuição para a defesa da ortodoxia e sua influência na Igreja primitiva continuam a ser estudadas e apreciadas pelos teólogos e estudiosos da atualidade.

Gregório de Nissa: Também conhecido como Gregório Nisseno, foi um bispo e teólogo cristão do século IV, nascido em Cesareia, na Capadócia (atualmente parte da Turquia). Ele foi um dos "Pais Capadócios", junto com seu irmão mais velho, Basílio de Cesareia, e seu amigo próximo Gregório de Nazianzo.

Gregório estudou filosofia e retórica em Atenas antes de se tornar um monge ascético. Ele se tornou bispo de Nissa, na Capadócia, em 371 d.C., e se destacou como um defensor da ortodoxia cristã e um crítico do arianismo, uma visão herética que negava a divindade de Cristo.

Sua obra mais conhecida é *Sobre a Vida de Moisés*, uma meditação sobre o significado alegórico da história de Moisés no Antigo Testamento. Nesta obra, Gregório apresenta a ideia de que a busca por Deus é uma jornada que nunca acaba, e que os cristãos devem continuar a crescer em sua compreensão e amor por Deus.

Gregório também escreveu sobre outros temas teológicos, como a natureza de Deus, a Trindade e a encarnação de Cristo. Ele foi influente na formulação da doutrina da Trindade e é conhecido por sua habilidade em usar a filosofia grega em sua teologia.

Gregório faleceu por volta de 394 d.C., mas sua influência na teologia cristã continua a ser sentida. Ele é considerado um dos maiores teólogos da Igreja primitiva e suas obras são estudadas e apreciadas até hoje. Assim como Orígenes, foi acusado pela heresia de "apocatástase" (crer na salvação final de todos os seres).

João Crisóstomo: Foi um influente líder cristão, bispo e orador do final do século IV e início do século V. Ele nasceu por volta de 349 d.C. em Antioquia, uma importante cidade no Império Romano (atualmente parte da Turquia).

João recebeu uma excelente educação e se destacou como um grande orador desde cedo. Ele estudou retórica e filosofia em Antioquia, antes de se dedicar ao estudo da teologia. Em sua juventude, foi influenciado pelos ensinamentos ascéticos do eremita Simeão, o Estilita.

Em 386 d.C., João foi ordenado sacerdote e começou a ganhar destaque como pregador. Sua oratória era caracterizada por seu estilo eloquente e poderoso, o que lhe rendeu o apelido de "Crisóstomo", que significa "Boca de Ouro". Ele pregou sermões impactantes e práticos, abordando temas como a moralidade, a justiça social e a vida cristã.

Em 397 d.C., a mando do Imperador Arcádio, João foi nomeado bispo de Constantinopla, capital do Império Romano do Oriente. Durante seu episcopado, ele se destacou por suas reformas pastorais, seu combate ao luxo e corrupção clerical, e sua defesa dos direitos dos pobres e oprimidos. No entanto, suas reformas e sua crítica retórica trouxeram inimigos poderosos, incluindo membros da corte imperial.

Um dos maiores inimigos de João foi Teófilo, Arcebispo de Alexandria, o qual contava com o apoio do imperador e da imperatriz, e estes puniram João várias vezes. Em 403 d.C., João foi deposto e exilado por seus adversários políticos, por meio do Sínodo do Carvalho, sendo enviado inicialmente para a Armênia e posteriormente para a Capadócia. Ele sofreu muito durante o exílio, enfrentando dificuldades e maus-tratos, mas continuou a escrever cartas e sermões influentes.

João Crisóstomo, por conta de seu péssimo estado de saúde, oriundo dos maus-tratos cometidos contra ele, faleceu em uma viagem que lhe enviaria para um exílio mais longínquo.

Sua obra escrita abrange uma variedade de temas, incluindo sermões, tratados teológicos e cartas pastorais. Suas homilias são especialmente conhecidas e amplamente lidas até hoje, sendo consideradas uma contribuição importante para a história da pregação cristã.

João Crisóstomo é venerado como santo pelas igrejas cristãs orientais e ocidentais. Ele é considerado um dos Pais da Igreja e um dos grandes teólogos e pregadores da era patrística. Sua influência teológica e sua ênfase na justiça social continuam a ser valorizadas e estudadas até os dias atuais.

Jerônimo: Sofrônio Eusébio Jerônimo foi um dos mais influentes e proeminentes estudiosos cristãos do século IV. Ele nasceu por volta do ano 350 em Estridão, uma pequena cidade na província romana da Dalmácia, localizada na região dos Bálcãs. Jerônimo é conhecido principalmente por suas contribuições na tradução da Bíblia para o latim, conhecida como a Vulgata, que se tornou a versão padrão da Bíblia para a Igreja Católica Romana.

Próximo dos seus 20 anos, Jerônimo foi para Roma estudar retórica e literatura, e lá se converteu ao cristianismo. Depois de ser batizado, ele decidiu dedicar sua vida à fé e se tornou um eremita, vivendo como um asceta no deserto da Síria. Durante esse período, ele estudou hebraico e aprofundou seus conhecimentos teológicos.

Posteriormente, Jerônimo mudou para Roma e se tornou assistente do Papa Dâmaso I, o que lhe permitiu acessar os recursos necessários para realizar seu grande projeto de tradução da Bíblia. Ele trabalhou arduamente na tradução e revisão dos textos sagrados, buscando preservar a segurança e a precisão das Escrituras. Sua tradução da Bíblia para o latim foi considerada uma conquista significativa e influente para o Cristianismo.

Além de seu trabalho na tradução, Jerônimo também escreveu extensivamente sobre teologia, exegese bíblica e moral cristã. Ele defendeu a importância do estudo das línguas originais da Bíblia, especialmente o hebraico, para uma compreensão mais completa das Escrituras. Suas obras influenciaram profundamente o pensamento cristão e continuam a ser estudadas até hoje.

São Jerônimo é venerado como Santo pela Igreja Católica Romana e é considerado o padroeiro dos estudiosos e tradutores. Ele faleceu em Belém, Palestina, em 30 de setembro de 420. Sua contribuição na tradução da Bíblia e seu esforço na defesa da fé cristã estabeleceram um legado duradouro e uma figura importante na história do Cristianismo.

Agostinho: Também conhecido como Agostinho de Hipona, foi um influente filósofo, teólogo e bispo cristão do século IV e V d.C. Ele nasceu em Tagaste, na província romana da Numídia, próximo a Cartago no norte da África (atual Argélia), no ano 354.

Agostinho é considerado um dos pensadores mais importantes da tradição cristã e suas obras tiveram um impacto duradouro no desenvolvimento da teologia e filosofia ocidental. Ele é conhecido por suas reflexões sobre a natureza do tempo, a relação entre Deus e o mal, a graça divina, a liberdade humana e a busca da verdade e da felicidade.

Durante sua juventude, Agostinho levou uma vida mundana, envolvendo-se em prazeres e questionando sua fé cristã. No entanto, depois de uma jornada espiritual, ele se converteu ao cristianismo e foi batizado em 386. A partir de então, ofereceu sua vida ao serviço de Deus e à promoção do conhecimento religioso.

Agostinho escreveu extensivamente sobre uma ampla variedade de temas, incluindo filosofia, teologia, ética e história. Suas obras mais famosas incluem *Confissões* e *A Cidade de Deus*. Em *Confissões*, ele relata sua própria jornada espiritual, explorando questões de pecado, graça divina e redenção. *A Cidade de Deus* aborda temas como a relação entre a Igreja e o Estado, o significado da história humana e a busca pela verdadeira felicidade.

Além de sua obra literária, Agostinho também teve um papel importante na vida eclesiástica. Em 395, tornou-se bispo de Hipona. Ele defendeu a ortodoxia cristã contra várias heresias e contribuiu para a formação da doutrina católica, influenciando profundamente a teologia medieval.

Agostinho faleceu em 28 de agosto de 430, durante o cerco de Hipona pelos vândalos. Ele deixou um legado duradouro, tanto como pensador influente quanto como Santo da Igreja Católica Romana. Sua abordagem filosófica e teológica continua a ser estudada e debatida até os dias de hoje, e suas obras são consideradas pilares do pensamento ocidental.

Depois desses resumos sobre os "pais da igreja", podemos identificar como que o cristianismo institucional se desenvolveu e, mediante uma insistência dogmática, foi se estabelecendo como a "sã doutrina" cristã. E temos que fazer justiça, já que, como visto nos relatos sobre esses homens religiosos, debaixo de tanto entulho de tradição humana, muitos deles conseguiam preservar a base mais importante do cristianismo original, que é o amor de Deus concretizado no amor ao próximo, por meio de suas assistências sociais.

Contudo, vimos na trajetória do cristianismo institucional a existência de conflitos por conta de poderes eclesiásticos, somado a uma contradição de interesses e interpretações dogmáticas, associada a influência política, a qual busca, por meio da instituição, fazer uma engenharia social alicerçada na submissão e no conformismo de uma vida material desequilibrada entre o povo e o Governo Terreno, onde o aval do Estado agora encontrava respaldo na Instituição "Divina," a qual era representante do próprio Deus, tendo até o poder de ligar uma pessoa a Deus pelo Batismo ou romper a ligação de uma pessoa do divino, pela excomunhão.

E como resultado dessa aliança entre religião e política, aliada aos conflitos e disputas citados, teremos o início da ramificação institucional cristã e consequentemente o repartimento do próprio Estado, o qual veremos de maneira mais detalhada no próximo capítulo.

5ª DIVISÃO

REPARTIÇÃO IMPERIAL CRISTÃ

5.1 "Todo reino dividido contra si mesmo será devastado"

Durante os primeiros séculos do cristianismo institucional, a igreja teve uma importante influência no Império Romano, pois a religião cristã começou a se estabelecer por todo o Império. Tanto que, no século IV, Constantino (Imperador do Ocidente) e Licínio (Imperador do Oriente) autorizaram o culto do cristianismo, por meio do Édito de Milão, em 13 de junho de 313, e posteriormente, em 24 de novembro de 380, Teodósio I decreta, por meio do Concílio de Tessalônica, o Cristianismo Niceno como sendo a religião oficial do Império Romano, estabelecendo uma relação estreita entre o Cristianismo Institucional e o Estado. Isso infelizmente ocasionou uma das maiores distorções do Cristianismo Original, pois transformou o antes perseguido movimento orgânico de pacificação e inclusão ensinado por Jesus em uma religião perseguidora e impositiva, com Teodósio I promulgando a proibição de todo sacrifício e cultos não cristãos, ordenando a destruição dos templos pagãos, penalizando as condutas culturais não cristãs, tornando a heresia um crime contra o Estado, ocorrendo assim a morte de vários "**hereges**" (que ou quem professa doutrina contrária ao que foi estabelecido pela Igreja como dogma).

No entanto, o contraste conflitante sobre a linha de pensamento do que era heresia e o que era ortodoxo não se limitava entre os cristãos e pagãos, pois já existiam contradições profundas entre as igrejas Romanas do Ocidente e do Oriente, principalmente diferenças teológicas, e, como antecipado no capítulo anterior, as divergências eclesiásticas tiveram importante responsabilidade na divisão do Império, já que esses conflitos internos e externos aumentavam as trincas desse racha imperial, e a concretização dessa divisão seria apenas uma questão de tempo. Foi após a morte do Imperador Teodósio I que ocorreu oficialmente a divisão do Império em 395 d.C., o qual se dividiu entre seus dois filhos, Arcádio e Honório, estabelecendo-se assim o Império Romano do Oriente e o Império Romano do Ocidente.

O Império Romano do Oriente, posteriormente conhecido como Império Bizantino, tinha sua capital em Constantinopla (antiga Bizâncio e atual Istambul, na Turquia). Este Império incluía o território da Grécia, dos Bálcãs, do Egito, da Ásia Menor (atual Turquia) e parte da Síria. Já o Império Romano do Ocidente, tendo sua capital em Roma, abrangia principalmente a Europa Ocidental.

Essa separação política e geográfica entre o Império Bizantino e o Império Romano do Ocidente reforçou a formação de diferentes tradições religiosas, práticas litúrgicas e estruturas eclesiásticas nas duas partes do antigo Império Romano, criando uma bifurcação do cristianismo institucional. Sem dúvidas, a divisão do Império Romano marcou um ponto de partida para desenvolvimentos religiosos e políticos distintos nas duas partes. O Império Bizantino manteve-se como uma entidade política e cultural distinta por mais de mil anos, preservando muitos elementos da herança romana clássica e influenciando significativamente a história e a cultura da região. Enquanto a Igreja Católica Romana Ocidental enfrentou uma série de desafios, pois o Império Romano do Ocidente sofreu invasões bárbaras, instabilidade política e econômica, corrupção e exposições internas. E esses fatores influenciaram a queda gradual do Império Romano do Ocidente, culminando em seu colapso em 476 d.C., quando o último imperador romano ocidental, Rômulo Augusto, foi deposto pelo líder bárbaro Odoacro.

Contudo, com a queda do Império Romano ocidental, a Igreja Romana se tornou uma instituição muito influente na Europa Ocidental, entrando em um período conhecido como Idade Média, caracterizado por mudanças na organização política, social e cultural.

E para facilitar o entendimento das consequências desta divisão, vamos resumir as trajetórias destas instituições e relatar a continuidade e desenvolvimento de seus diferentes caminhos, os quais causaram conflitos que acabaram resultando na divisão institucional religiosa cristã de 1054, conhecida como "O Grande Cisma do Oriente e Ocidente".

5.1.1 Instituição Cristã Ocidental e a Idade Média

Como já citado, a queda do Império Romano do Ocidente em 476 d.C. marcou o fim do poder político romano nessa região. E por conta desse colapso, a Europa passou a ser governada por diversos reinos e feudos. Durante esse período, o feudalismo tornou-se a forma dominante de organização social e política, com os senhores feudais governando suas terras em troca de serviços militares e proteção. E assim a Igreja Católica Romana emergiu como uma instituição poderosa, assumindo um papel político e social cada vez mais importante na Europa Ocidental. Os líderes da Igreja, como o Papa, tornaram-se figuras de influência política e moral, muitas vezes desempenhando um papel central na governança e na estabilidade da região, iniciando o período conhecido como Era Medieval, um período na história europeia que se estendeu do século V ao século XV

Durante esse período, a sociedade medieval era rigidamente estratificada em três ordens ou Estados: o Clero, a Nobreza e os Camponeses. O Clero, composto por membros da Igreja Romana, tinha um papel fundamental na vida das pessoas, fornecendo orientação espiritual e mantendo o controle sobre a educação e a cultura. A Nobreza detinha o poder político e militar, enquanto os Camponeses mantinham-se nas terras dos Senhores Feudais em regime de servidão.

A Igreja Romana ocidental era a instituição religiosa predominante na Europa Ocidental durante a Idade Média. Ela era liderada pelo Papa, sediado em Roma, e tinha uma autoridade clerical bem definida, que incluía Bispos, Padres e Monges. A Igreja tinha amplos poderes espirituais e desempenhava um papel central na vida das pessoas, com os sacramentos do batismo, a confirmação, a eucaristia e o matrimônio, por ela administrados. A participação nessas cerimônias era vista como essencial para a salvação da alma, a Igreja era responsável por toda instrução religiosa e disseminação da fé cristã entre a população, influenciando suas crenças, e práticas religiosas e morais, pois, como dito, manteve um amplo controle sobre o conhecimento, sendo os monges os principais responsáveis pela preservação e produção de textos. E este período foi caracterizado por uma forte devoção religiosa e pela construção de magníficas catedrais e igrejas.

Além de seu papel religioso, a Igreja também exerceu um grande poder econômico, pois possuía vastas extensões de terras, adquiridas por meio de doações de nobres e fiéis, e controlava uma considerável riqueza e recursos. Essas terras eram tratadas por monges e freiras em mosteiros e conventos, desempenhando um papel importante não só na educação e religião, mas também tinham igual relevância na assistência social.

A Igreja também estava envolvida na política da época. O Papa exercia uma autoridade espiritual e temporal e frequentemente se envolvia em questões políticas, como a nomeação de bispos e a resolução de disputas entre governantes. O Papado e as autoridades eclesiásticas exerceram influência sobre os Monarcas e outros Líderes Políticos, sendo nítido que a Igreja Romana Ocidental desempenhou um papel central na manutenção da ordem e da estabilidade social na Europa Ocidental.

Durante a Idade Média, ocorreram também eventos históricos importantes, como as Cruzadas, expedições militares cristãs que buscavam recuperar a Terra Santa do domínio muçulmano; e a expansão do Império Carolíngio, conduzida por Carlos Magno.

No entanto, a Igreja Ocidental também sofreu desafios e críticas durante a Idade Média. Alguns movimentos, como o Catarismo e o Valdismo, questionaram a autoridade da Igreja e suas práticas. Além disso, houve conflitos e tensões entre a Igreja e os poderes seculares, como o Imperador do Sacro Império Romano-Germânico, em questões de jurisdição e autoridade.

Sem dúvidas, a Igreja Ocidental desempenhou um papel central na vida medieval, moldando a cultura, a moralidade e a estrutura social da época. Sua influência e poder se estenderam por toda a sociedade, tornando-a uma das instituições mais poderosas e influentes durante a Idade Média.

5.1.2 Instituição Cristã Oriental

Durante a Idade Média, a Igreja do Oriente, também conhecida como Igreja Ortodoxa Oriental, desempenhou um papel importante como uma das principais ramificações do cristianismo no Oriente Médio e na Ásia.

A Igreja do Oriente teve uma presença significativa em áreas como a Mesopotâmia, a Pérsia e partes da Índia e da Ásia Central. Ela seguiu a tradição teológica do Nestorianismo, uma doutrina cristológica criada por Nestório, arcebispo de Constantinopla, que enfatizava a distinção entre a natureza humana e divina de Jesus Cristo.

Sem dúvidas, a Igreja do Oriente teve um papel importante no desenvolvimento e na disseminação do conhecimento, especialmente nas áreas da filosofia, teologia e ciências naturais. Seus acadêmicos e clérigos eram conhecidos por sua erudição e produziram trabalhos influentes em campos como a medicina, a matemática e a astronomia.

Ela seguiu a tradição teológica e litúrgica desenvolvida pelos Pais da Igrejas Orientais, como São Tomé, Santo Tadeu e Mar Aba, tendo uma estrutura eclesiástica distinta. Chamada Pentarquia, por conta dos cinco patriarcas das cidades de Roma, Constantinopla, Alexandria, Antioquia e Jerusalém, sendo que os Bispos de cada cidade chefiavam sua igreja com autonomia; porém, o arcebispo de Constantinopla era o patriarca ecumênico, sendo reconhecido por eles como "primus inter pares" (primeiro entre iguais).

No entanto, ao longo da Idade Média, a Igreja do Oriente acabou se dividindo em várias denominações. Uma das principais divisões dentro da Igreja do Oriente ocorreu no século V, quando o Concílio de Éfeso (431 d.C.) levou a um cisma entre a Igreja do

Oriente e a Igreja do Império Romano do Oriente (Igreja Ortodoxa). Essa divisão deveu-se em grande parte a divergências teológicas e políticas em relação à natureza de Jesus Cristo.

No entanto, a Igreja do Oriente enfrentou outros desafios e conflitos durante a Idade Média. A Igreja do Oriente também sentiu pressão política e militar, especialmente com a expansão do Império Islâmico na região. À medida que as terras controladas pelos muçulmanos se expandiram, a Igreja do Oriente perdeu muitos de seus locais sagrados e foram presas várias comunidades cristãs orientais, as quais foram forçadas a viver sob o domínio muçulmano, sendo constantemente oprimidas para se converterem à religião islâmica. E isso resultou em uma diminuição da influência e do poder da Igreja na região ao longo do tempo.

Além disso, as Cruzadas, que ocorreram entre os séculos XI e XIII, tiveram um impacto significativo na Igreja do Oriente. Embora as Cruzadas tenham sido inicialmente lançadas com o objetivo de recuperar a Terra Santa do domínio muçulmano, elas também resultaram em conflitos e angústia entre as comunidades cristãs do Ocidente e do Oriente, incluindo a Igreja do Oriente.

Em resumo, a Igreja do Oriente desempenhou um papel importante na Idade Média, sendo uma das principais ramificações do cristianismo e uma influência significativa nas regiões orientais do mundo. No entanto, ela atraiu divisões internas, perseguições e desafios ao longo do período. O Império Romano do Oriente manteve-se forte e próspero por muitos séculos, sobreviveu a várias ameaças externas, incluindo invasões bárbaras, guerras com o Império Sassânida e conflitos com os muçulmanos. O Império Bizantino durou até 1453, quando Constantinopla caiu nas mãos dos turcos.

Contudo, apesar desses desafios, a Igreja do Oriente conseguiu sobreviver e continuar a exercer sua influência em algumas áreas. Atualmente, a Igreja Ortodoxa Oriental Assíria é uma das igrejas cristãs mais antigas, com uma presença predominante no norte do Iraque, no Irã, na Síria e na Índia.

Depois dessa análise sobre as consequências da divisão imperial, a qual mudou o rumo da instituição cristã, podemos confirmar que esse desmembramento imperial é a nossa Quinta Divisão, a qual proporcionou uma bifurcação no rumo das instituições cristãs, facilitando a divisão pelo distanciamento entre as igrejas, tendo como consequência a consolidação do divórcio com o Cisma de 1054, o qual veremos no próximo capítulo!

6ª DIVISÃO

O GRANDE CISMA DE 1054

Instituição Religiosa Oriental x Ocidental

6.1 "e quem quiser ser o primeiro entre vós será vosso servo"

Como podemos constatar pelos relatos dos capítulos anteriores, os conflitos teológicos e as disputas por poderes políticos e eclesiásticos foram os principais componentes para o resultado do Cisma de 1054, o qual dividiu as igrejas cristãs em duas entidades distintas: a Igreja Católica Romana e a Igreja Ortodoxa Oriental. Porém, o principal acontecimento que concretizou o Cisma do Ocidente e Oriente foi o atrito entre o Papa de Roma e o Patriarca de Constantinopla pela disputa entre as duas autoridades por poder Papal, pois as duas Igrejas romperam relações por conta de uma mútua excomunhão entre o Patriarca de Constantinopla, Oriente, Miguel Cerulário, e da igreja de Roma, Ocidente, por meio do Cardeal Humberto, o qual era o Legado Papal (representante pessoal do Papa com poderes de decisões sobre assuntos eclesiásticos em nações estrangeiras).

O desfecho se deu quando o Papa Leão IX mandou o cardeal Humberto como Legado Papal, propondo um acordo de paz eclesiástica entre as igrejas, para fazer uma aliança contra os Normandos, os quais estavam em ataque ao sul da Itália. Porém, o acordo não prosperou por conta de vários motivos, entre eles a recusa do Patriarca de Constantinopla sobre a exigência imposta pelo Legado Papal de reconhecer a Primazia e infalibilidade total do Papa de Roma. Essa negativa acarretou a decisão do Legado Papal (Cardeal Humberto) de fazer uma bula de excomunhão contra Miguel Cerulário, acusando-o de heresias por conta da doutrina do Filioque (doutrina que diz respeito à procedência do Espírito Santo, se este é oriundo do Deus Pai ou do Deus filho) e por abuso de poder usando o título de Patriarca de Constantinopla.

Miguel Cerulário, por sua vez, queimou a excomunhão em praça pública, e depois publicou em seu sínodo patriarcal a excomunhão do Legado Papal (Cardeal Humberto) e do próprio Papa Leão IX, mesmo este estando falecido há três meses. E, pela mútua excomunhão, foi oficializado o divórcio entre as Igrejas Católica e Ortodoxa.

Porém, vale especificar e relembrar alguns dos principais fatores anteriores que colaboraram para a ocorrência dessa divisão, e vários deles vimos nos capítulos passados, quando acompanhamos o desenvolvimento de ramificações teológicas e políticas e disputa de poder desde a divisão imperial. E aqui estão alguns dos principais motivos que de fato contribuíram para o cisma:

1. Questões sobre a autoridade papal: como já citado uma das principais causas do Cisma foi a disputa sobre a autoridade do Papa de Roma. A Igreja do Oriente, com sede em Constantinopla, reconhecia a primazia do Papa de Roma, mas não a sua supremacia absoluta. O Papa de Roma, contudo, reivindicava a sua primazia e infalibilidade total, sobre toda a cristandade, pois a linha de pensamento sobre a Jurisdição eclesiástica da Igreja Católica Romana é organizada em uma autoridade centralizada no Papa como sendo a autoridade máxima. Por outro lado, a Igreja Ortodoxa é descentralizada e dividida em várias jurisdições autônomas, cada uma liderada por um patriarca ou bispo.

1. Questões teológicas: como dito no capítulo anterior, a Igreja Católica Romana e a Igreja Ortodoxa Oriental desenvolveram diferenças teológicas e esses contrastes incluíam divergências em relação a doutrina do Filioque, além de diferenças nas práticas litúrgicas, como adoração às imagens de esculturas, e se o rito da comunhão seria feito usando pães ázimos (sem fermento) ou pães fermentados, e, ao

longo dos séculos, continuaram a desenvolver diferenças na sua compreensão sobre temas como a Trindade, a natureza da pessoa de Cristo e a relação entre graça e livre-arbítrio. Esses conflitos foram agravados ainda mais pela barreira linguística, já que o latim era a língua oficial da Igreja Católica Romana e o grego era a língua litúrgica da Igreja Ortodoxa.

As duas igrejas também têm diferenças na forma de celebrar a liturgia. A Igreja Católica Romana utiliza principalmente o rito latino, enquanto a Igreja Ortodoxa possui vários ritos, como o rito bizantino, o rito alexandrino e o rito antioqueno. E essas diferenças foram se aprofundando e acarretando esta sexta divisão pela nossa classificação, que, ao longo dos séculos, resulta na separação duradoura entre a Igreja Católica Romana e a Igreja Ortodoxa, apesar de esforços posteriores de reconciliação entre as duas, mostrando que linhas de visões diferentes sobre uma mesma fonte podem se transformar em uma séria intolerância religiosa.

6.1.1 Conclusão do primeiro volume

E ao término deste primeiro volume sobre "Quem dividiu Cristo" (o que nos separa e o que nos une em Cristo), concluímos as principais divisões cristãs até o período proposto, desde as variações de entendimento do que é Cristo até a separação oficial da Igreja Católica da Igreja Ortodoxa.

Desse modo, podemos concluir, até aqui, que os cristianismos pós-Jesus seguiram linhas de pensamento variadas e muitas até diferentes do movimento original de Jesus, por conta de diversos motivos, incluindo recriação institucional sacerdotal, sincretismo cultural, interesses políticos e até mesmo imaginações férteis. Além das formulações de um monte de dogmas baseados em doutrinas humanas, as quais muitas destas são completamente divergentes dos ensinamentos de Jesus. E essas diferenças de linhas de pensamento sobre o cristianismo infelizmente ocasionaram grandes divisões entre os cristãos, esquartejando os membros que deveriam pertencer a um só corpo, que é o corpo de Cristo.

E para comprovar que os ensinamentos vivenciais de Jesus são de tolerância e união, basta analisarmos os evangelhos, nos quais veremos este movimento apaziguador e unificador vivido por este grande Mestre, o qual reuniu várias pessoas com personalidades e linhas de pensamento diferentes. E temos como exemplos os próprios doze apóstolos, entre os quais temos desde zelote até publicano, e todos estes não olhavam para as diferenças que tinham entre si, mas sim focavam no aprendizado ensinado por Jesus, que é a lição do amor divino, que unifica a humanidade em uma única família, onde somos todos irmãos oriundos deste único Deus Pai.

Espero que você neste primeiro volume tenha percebido que a não aceitação de visões religiosas contrárias foi a principal causa das divisões cristãs, e espero que isso nos faça refletir sobre algo simples, porém que se torna complexo aos olhares das doutrinas humanas, pois temos um único Jesus Cristo para ser nosso guia, mas temos várias ramificações cristãs, as quais têm nos levado para caminhos tão opostos.

Espero que um dia consigamos superar nossas divergências doutrinárias humanas, e assim focarmos e andarmos no mesmo caminho, verdade e vida!

AMN!

No segundo volume do livro "Quem dividiu Cristo", vamos abordar as divisões do Cisma do Ocidente, o surgimento da Reforma Protestante e as variações dos seus movimentos, e o desenvolvimento do cristianismo desse período até os dias atuais!

Até a próxima, e que o Bom Deus continue abençoando você em todas as áreas de sua vida!

REFERÊNCIAS

ALMEIDA, João F. **Bíblia Sagrada RA - Almeida Revista e Atualizada**: Com notas, referências cruzadas e palavras de Jesus em vermelho. Barueri: Sociedade Bíblica do Brasil, 2010. *E-book*.

BÍBLIA DE JERUSALÉM: Nova edição Revista e Ampliada. São Paulo: Paulus, 2002.

CLÁSSICOS da literatura cristã: pais apostólicos; confissões; imitação de Cristo. Trad. Almiro Pisetta, Antivan Guimarães. São Paulo: Mundo Cristão, 2015.

CROSSAN, Jonh Dominic. **O nascimento do cristianismo**: o que aconteceu nos anos que se seguiram à execução de Jesus. Trad. Barbara Theoto Lambert. São Paulo: Paulinas, 2004.

DAVIDSON, Benjamin. **Léxico Analítico Hebraico e Caldaico**: todas as palavras do Antigo Testamento organizadas alfabeticamente e com análises gramaticais. Trad. Daniel de Oliveira e William Lane. São Paulo: Vida Nova, 2018.

DIDAQUÊ: instrução dos doze apóstolos. Trad. Reinaldo de Souza. Jacareí: Editora Família, 2015.

EHRMAN, Bart D. **Como Jesus se tornou Deus**. Trad. Lúcia Britto. São Paulo: LeYa, 2014.

JAEGER, Werner. **Cristianismo primitivo e paidéia grega**. Trad. Daniel da Costa. Santo André: Academia Cristã, 2014.

JOSEFO, Flávio. **História dos hebreus**: obra completa de Abraão a queda de Jerusalém. Trad. Vicente Pedroso. Rio de Janeiro: CPAD, 2021.

SANTOS, João Batista R.; OLIVEIRA, Yone Ramos M.; SOUZA, Denis Alves de. **Primórdios do Cristianismo**: o contexto histórico do cristianismo primitivo. São Paulo: Didática Paulista, 2011.

SCHWEITZER, Albert. **A busca do Jesus Histórico**: um estudo crítico de seu progresso. Trad. Wolfgang Fisher. São Paulo: Fonte Editorial, 2009.

SHELLEY, Bruce L. **História do Cristianismo**: uma obra completa e atual sobre a trajetória da igreja cristã desde as origens até o século XXI. Trad. Giuliana Niedhardt. Rio de Janeiro: Thomas Nelson Brasil, 2018.

STRONG, James. **Strongs**: Geek dictionary of the bible. [*S. l.*]: Miklal Software Solutions, Inc., 2011. *E-book*.

STRONG, James. **Strongs**: Hebrew dictionary of the bible. [*S. l.*]: Miklal Software Solutions, Inc., 2011. *E-book*.

VERDETE, Carlos. **História da Igreja**: das origens até o Cisma do Oriente (1054). Lisboa: Paulus Editora, 2009.